El arte de aprender

MANUALES | **B**erenice

Juan Sahagún

El arte de aprender

Cómo hacer de tu vida una obra de arte

Berenice

Berenice
www.editorialberenice.com
@berenicelibros

Primera edición en Berenice: enero, 2025

Berenice • Colección Manuales
Director de Berenice: Javier Ortega
Maquetación: Daniel Valdivieso Ramos

info@almuzaralibros.com
Parque Logístico de Córdoba. Ctra. Palma del Río, km 4
C/8, Nave L2, nº 3. 14005, Córdoba

Impresión y encuadernación:
Romanyà Valls

ISBN: 978-84-10521-72-8
Depósito Legal: CO-2122-2024

Impreso en España/*Printed in Spain*

Lo que me sorprende es el hecho de que en nuestra sociedad el arte se haya convertido en algo que no concierne más que a la materia, no a los individuos ni a la vida; que el arte sea una especialidad hecha sólo para los expertos, por los artistas. ¿Por qué no podría cada uno hacer de su vida una obra de arte? ¿Por qué esta lámpara o esta casa pueden ser un objeto de arte pero mi vida no?

Michel Foucault

Índice

Prefacio

Hace años mi hijo se fue de este plano. Estaba entrando a la juventud. Debido a situaciones que no deseo ahora rememorar, él y yo estuvimos muy alejados. Nunca pude estar cerca de él. Dos extraños unidos por el perenne lazo del parentesco. En realidad, no obstante que lo amaba, me he dado cuenta de que jamás lo conocí, jamás nos conocimos.

De los muchos males que agobian a nuestra actual edad oscura —ya habrá tiempo de abordar este tema en otro trabajo—, se encuentra el flagelo de las drogas. Hasta donde sé, José Arturo buscó mitigar sus conflictos, sus confusiones, sus angustias y ansiedades con sustancias que fueron aumentando en intensidad destructiva. El final sobrevino. Recibí la noticia como una tragedia advertida. Con el tiempo, mi llanto se ha ido transformando o, mejor dicho, interiorizando. Cada vez está más adherido al corazón, aunque las lágrimas ahora sean ocasionales.

Poco tiempo después de su partida experimenté una sensación extraña. Una especie de emergencia reflexiva —si se me permite este término—, y que hoy comprendo que fue enteramente una reacción natural. Comenzó a rondarme de manera necia el tábano de la pregunta de todas las preguntas: ¿y cuál es el sentido?

Me confieso de cuerpo entero: no soy filósofo. Admiro a los filósofos. Envidio con envidia de la una y de la otra sus capacidades para elaborar razonamientos intrincados y, en algunos casos, deslumbrantes: la fascinación de la inteligencia, del ingenio, de la sagacidad.

Reconozco que mis pensamientos son muy modestos. Me atreví a elaborar el presente texto porque, como alguna vez oí, «no hay nada más placentero que hablar de las cosas que uno desconoce»; paulatinamente me fui animando a construir, o mejor expresado, desahogar las conjeturas que me surgieron de la inveterada pregunta: ¿y cuál es el sentido?

Asimismo, debo enfatizar que no es un libro sombrío. Por el contrario, mi pretensión es enaltecer los tres factores primordiales de la vida: el Amor, la Libertad, la Inteligencia.

Bueno, ¿y por qué me nació de golpe la urgencia de plantear este tipo de preguntas? Eso sí lo sé, y es el motivo de este introito deshilvanado.

El presente trabajo es lo que hubiera querido decirle a mi hijo, si la vida o las circunstancias, o sabrá Dios qué obstáculos, no se hubieran interpuesto entre un muchachito anhelante de cariño y un padre necesitado de un hijo que lo guiara.

Así fue germinando *El arte de aprender. Haz de tu vida una obra de arte*. Y no nada más son las palabras que concretarán esas conversaciones pendientes; también son las palabras que envuelven dudas, interrogantes, cuestionamientos, que deseo hacer extensivas a todas aquellas y todos aquellos jóvenes que viven en la inconformidad, en la búsqueda porfiada, en la ilusión de encontrar someras señales que nos orienten para averiguar, mínimamente: ¿y cuál es el sentido?

Así pues, dedico este libro a la memoria de José Arturo, mi único, inolvidable hijo.

Afinemos objetivos

Éste no es un libro de recetas para vivir.

Mi propuesta parte, en términos generales, de una pregunta compleja: ¿Cómo darle sentido a la vida? O más aún, ¿la vida tiene sentido? Sé, de antemano, que la cuestión ha sido debatida a lo largo de la historia del pensamiento por una multitud de filósofos y poetas que han abanderado las posturas más divergentes abarcando, por supuesto, una incontable escala de matices; desde el lóbrego pesimismo de Emil Cioran —*Del inconveniente de haber nacido*— hasta el exultante optimismo de Walt Whitman —*Canto a mí mismo*—. Y no hay una respuesta unificada, irrebatible, compartida por todos. Hay que decirlo: es natural que no se haya dado ni se dé jamás una respuesta absoluta.

Por ende, no pretendo ser yo el que aporte la solución inequívoca y definitiva. Nada más lejos de eso. —Bien se sabe que «la soberbia es el peor de los pecados» y, por ahora, «no quiero ser un pecador»—. Lo que sí pretendo es extenderte una invitación para adentrarnos juntos en algunas de las ideas de mujeres y hombres que han convenido en que la existencia puede y debe ser vivida dentro de los cánones del arte.

Te adelanto que no se trata de abandonar de una vez y para siempre tu despacho de contabilidad, tu agencia de ventas, o el puesto en el gobierno que tanto esfuerzo te implicó, para irte a comprar varios metros de manta cruda, bastidores y ponerte a pintar paisajitos a lo Bob Ross para luego pasar días enteros intentando venderlos en el congestionado bazar de tu ciudad. Definitivamente no. Los parámetros artísticos pueden aplicarse a cualquier actividad profesional y en todos los ámbitos de la vida.

Mi idea se genera en el elemento fundamental del arte y la creatividad: el juego. La activación de esta idea en tu vida es sumamente sencilla y divertida. Consta de tres etapas: indagar los presupuestos fundamentales del arte, descubrir interiormente los métodos de aplicación de esas nociones estéticas a nuestra cotidianidad, y finalmente implementar mecanismos prácticos que hagan de nuestra existencia, día con día, una obra de arte. ¿Suena raro o complicado? No lo es. *Conocer, planear, aplicar.* Eso es todo. ¡Descubrámoslo juntos!

Esta premisa nace como una reacción al riesgo cada vez más frecuente de tener una vida tediosa, imposible, angustiosa, vacía, o que sintamos que tiene una alta dosis de intrascendencia. Como lo apunté líneas arriba, es la recopilación de ideas que algunos intelectuales han formulado al respecto. Desde Platón y Aristóteles, hasta Schopenhauer, Russell, Sartre y Foucault —y obviamente cientos de artistas de todas las disciplinas— han hablado sobre la necesidad de vivir nuestra vida como quien diseña una obra maestra. Con el devenir de los años esa idea ha perdido fuerza y es indispensable revitalizarla.

La dramaturgia, la poesía, la literatura y el arte en general han reparado en los riesgos de la vida vacía. *No hay mayor pesadumbre que la intrascendencia.* Y el creador, al dotar de arte a esas vidas, les insufla sentido. De hecho, en el artista es más claro y definido ese temor a la mediocridad, a pasar inadvertido, a carecer de notoriedad, a no desarrollar su potencial. Pero la premisa que te propongo va más allá: no es una cuestión de simple «visibilidad». —La gente proclive a la estridencia, al escándalo muchas veces gratuito (en ese supuesto), no tendría problemas. Y la estridencia no es el caso—. Se trata de algo más profundo y, naturalmente, más estético. A lo largo del libro iremos ahondando en el concepto de *convertir la creatividad artística en un modo de vida.*

Y es que, con frecuencia, cuesta trabajo darle forma a nuestra existencia. El vértigo en el que nos vemos envueltos ha provocado que nuestra experiencia vital se nos aparezca de manera fragmentada. Una parte de nuestro tiempo —casi siempre por las noches, a punto de dormir— lo dedicamos a la labor, a veces estéril, de reconstruir un rompecabezas cuyas piezas regularmente no encajan. El mundo nos aparece diariamente como una dura encrucijada. Eso nos defrauda.

Puedo apostar que, invariablemente, en los recuerdos que guardas desde tu más temprana infancia se encuentran agrias palabras que han aparecido de forma constante: debacle económica, turbulencias políticas, incremento de la criminalidad, pérdida de valores, tensiones mundiales, degradación de la familia, incomunicación entre los seres humanos, destrucción de nuestro hábitat, apocalipsis, fin de los tiempos, etcétera. *Leer diariamente el periódico nos garantiza una redonda y perfecta úlcera gástrica.*

Independientemente de la situación real de nuestro entorno, a la que no debemos dar la espalda y que, de una forma u otra, desde nuestra posición, podemos y debemos aportar soluciones, es indispensable que tengamos una firme estrategia para no dejarnos abatir y, por el contrario, sepamos disfrutar con *creatividad* nuestro paso por el mundo.

Es verdad: cientos de veces se nos antoja exclamar, como decía Mafalda, *paren el mundo, me quiero bajar*. Pero no podemos. No tenemos por qué hacerlo. Por el contrario, nuestra estancia en la tierra, en esta realidad, es una inmejorable oportunidad para crear una obra inigualable y magnifica, de la que nos sintamos profundamente satisfechos. Lo ideal es que, con ingenio, hagamos de éste un viaje estético, satisfactorio y placentero.

El arte, la imaginación, la aplicación de reglas artísticas, pueden proporcionarnos esas luces que transformen de forma positiva el ambiente que vivimos. No es una locura. Tampoco una frivolidad. Mucho menos es la construcción de una burbuja de cristal en la que permanezcamos inmóviles, tranquilos y aislados, ni el uso de prismáticos que adulteren la realidad y nos hagan llevar una permanente sonrisa que provoquen en nuestros amigos la suspicaz pregunta: «te noto raro; ¿vienes dopado?». ¡No iremos por ahí!

Se trata de adquirir plena conciencia de que, una vez que tomes la decisión, tendrás la mejor de las propuestas de construcción de esa «casa» que eres tú mismo; la brújula más confiable para hallar la manera de cómo quieres trazar el camino que recorrerás en los años que tienes por delante. Entenderás claramente la diferencia que hay entre ir dando tumbos como si viajaras dentro de un barril que baja por una pronunciada pendiente, y ser un sólido autor que escriba minuto a minuto, día a día, mes con mes, año con año, el relato positivo de una excelente novela, o moldee la bella efigie de un monumento de mármol, o levante una hermosa y práctica edificación de varios pisos, o toque una sinfonía que todos quieran escuchar y que a ti te trae una profunda satisfacción, y cada que la reproduzcas te deje completamente embelesado.

Deseo no extenderme más en este prólogo y para ello finalizo tomando un fragmento de un libro imprescindible en toda biblioteca: *Cartas a un joven poeta*, de Rainer Maria Rilke. En el siguiente párrafo aparecen algunos de los elementos que tocaremos en cada uno de los capítulos venideros.

> Ser artista es no calcular, no contar, sino madurar como el árbol que no apremia su savia, mas permanece tranquilo y confiado bajo las tormentas de la primavera, sin temor a que tras ella tal vez nunca pueda llegar otro verano. A pesar de todo, el verano llega. Pero sólo para quienes sepan tener paciencia, y vivir con ánimo tranquilo, sereno, anchuroso, como si ante ellos se extendiera la eternidad. Esto lo aprendo yo cada día. Lo aprendo entre los sufrimientos, a los que, por ello, quedo agradecido. ¡La paciencia lo es todo![1]

Paciencia, saber esperar, confiar en el arte propio, construirse a diario, aprender de las contrariedades, estar agradecido. Estos y algunos conceptos más habremos de abordar con la finalidad de saber cómo hacer de nuestra vida una auténtica obra maestra. Apreciados jóvenes lectores, amado José Arturo, ¿me acompañan?

---

1 Rainer Maria Rilke. *Cartas a un joven poeta*. Editorial Premiá. Colección *La nave de los locos*. 1989. Pág. 25.

El arte de aprender

Al decir de Diógenes Laercio en su *Vida de los filósofos ilustres*,[2] el buen Aristóteles tenía voz balbuciente, piernas delgadas, ojos pequeños, le gustaba usar preciosos vestidos y anillos, y se cortaba la barba y el pelo. Es decir, el célebre filósofo habría sido lo más cercano a un exitoso cantante de pop. También, según Diógenes, el Estagirita solía decir que *la esperanza es el sueño de un hombre despierto*. Hermosísima frase que sugiero aprenderse de memoria.

A propósito, sobre el tema de aprender y conocer, el Peripatético sabía un largo rato. Comienza su libro *Metafísica* con una reflexión que te quiero compartir:

> Todos los hombres desean por naturaleza saber. Así lo indica el amor a los sentidos; pues, al margen de su utilidad, son amados a causa de sí mismos, y el que más de todos, el de la vista. En efecto, no sólo para obrar, sino también cuando no pensamos hacer nada, preferimos la vista, por decirlo así, a todos los otros. Y la causa es que, de los sentidos, éste es el que nos hace conocer más, y nos muestra muchas diferencias.

---

2 Diógenes Laercio. *La vida de los filósofos más ilustres*. Grupo Editorial Tomo. Colección Los inmortales. 2004. Pág. 154.

> Por naturaleza, los animales nacen dotados de sensación; pero ésta no engendra en algunos la memoria, mientras que en otros sí. Y por uso de éstos son más prudentes y más aptos para aprender que los que no pueden recordar; son prudentes sin aprender los incapaces de oír los sonidos (como la abeja y otros animales semejantes, si los hay); aprenden, en cambio, los que, además de memoria, tienen este sentido. Los demás animales viven con imágenes y recuerdos, y participan poco de la experiencia. Pero el género humano dispone del arte y del razonamiento.[3]

Aristóteles observó que los animales —no humanos— tienen imágenes y recuerdos y expresó una idea basal: *todos los hombres desean por naturaleza saber.*

El aprendizaje es connatural al ser humano. Queremos aprender pues es el más eficaz método de supervivencia. Pero también gustamos aprender por simple curiosidad. Nos gusta meter las narices para saber cómo funcionan las cosas, desentrañar su naturaleza. Al descubrir el secreto que encierra el mecanismo de algún aparato, sentimos un placer tan grande que podría hacernos reír.

Desconocer nos atemoriza, nos molesta, nos incomoda, nos coloca en posición de desventaja. Si no sabemos algo nos enojamos, o no nos interesa, lo despreciamos. Conocer, por el contrario, nos permite dominar las situaciones, nos pone en un lugar de control, apreciamos las cosas. Nos gusta, por lo menos, tener una noción de por qué las cosas *son*, tanto por cuestión de utilidad, como por *ornato de la vida*, para usar la expresión de Aristóteles.

Comenzamos a aprender desde el instante en que somos dados a luz. Tal vez antes, desde el útero. Quizás ahí adquirimos

---

3 Aristóteles. *Metafísica I, 1.* Trad. Tomás Calvo Martínez. Editorial Gredos. 2003. Página 69-70.

conocimientos que después les daremos el nombre de *intuiciones*, el «pensar sin pensar». Aprendemos durante los aproximadamente veintinueve mil días que estamos en la tierra. Y aunque parezca perogrullada, terminamos de indagar, de averiguar, de preguntar, al exhalar nuestro último suspiro.

El núcleo del aprendizaje es la duda, más que la certeza. Si seguimos aprendiendo es porque tenemos la capacidad de poner en tela de juicio lo que hemos establecido como verdad. Es la única forma de crecer. *Somos mejores si aprendemos*. El aprendizaje nacido de la incertidumbre es la base. Es la única manera, por supuesto, de que avance la ciencia, el conocimiento en general. Es la única forma en que podemos progresar intelectual y espiritualmente. Y laboralmente, claro está. Y económicamente, por supuesto. La preparación diaria, constante, va colocando los firmes cimientos de lo que deseamos ser en el porvenir.

Conforme nos desarrollamos, nos inclinamos a determinados conocimientos, nos especializamos, nos dejamos llevar por las temáticas que más nos apasionan. Dejamos de lado ciertos tópicos para abundar en otros. Nos fijamos el objetivo de elaborar un panorama de lo que queremos conocer, y una vez explorado, damos por hecho que lo conocemos. Establecemos verdades que se nos hacen incuestionables. He aquí un peligro.

Hace falta un grado de inconformidad para buscar apercibirnos de más y más conocimientos. Aquí la rebeldía es un elemento toral. Es indispensable hacerle frente a nuestro estado actual. Eso no siempre es sencillo. A veces es molesto. Significa darse cuenta de la magnitud del trabajo que tenemos por delante. Corremos el riesgo de presuponer que la roca es tan pesada que no podemos cargarla de ninguna manera, y si acaso llegamos a levantarla, no podríamos sostenerla arriba demasiado tiempo. Quiere decir que debemos reconocer errores, asumir carencias naturales, aceptar tiempo derrochado en la nada. Insisto, no es fácil. Lo sé porque lo he vivido. A todos nos pasa.

Deseo subrayar esta idea: el peligro al que me estoy refiriendo es el hecho de dar por sentado algo y volverlo dogma. Muchas veces, para aprender, nos estorba lo que creemos que sabemos. Suponemos que poseemos el conocimiento y que al fin hemos llegado. *Pero la seguridad es el riesgo*. Tienes razón si lo estás pensando: es una paradoja. Esta actitud de inmovilidad, de *inapetencia* de conocimientos suele hacerse por comodidad, por costumbre, o peor aún, por miedo a adquirir nuevos saberes.

Aclarémoslo: es posible que, en cierto momento, ya no tengamos interés en seguir investigando porque tenemos en las manos algo que suponemos muy cercano a la verdad y nos viene bien. ¿Para qué molestarse en cuestionar determinada cosa si así como está da resultados suficientemente buenos? Ha sido la actitud recurrente en la humanidad muchísimas veces. Tal vez ahora mismo se tenga esa postura en ciertos aspectos de la ciencia, de la economía, de la política. Quizás, en el ámbito estrictamente personal, llegamos a un momento en la vida en que creemos saber lo indispensable para salir adelante, y nos sentamos en nuestros laureles. Es el peligro de la actitud conformista.

O bien, hay otra posibilidad: nos abstenemos de preguntar, de indagar, de investigar, porque *se vería mal que lo hiciéramos*. La presión social, el qué dirán de la gente que nos rodea, el hecho de que, *si toda la gente ha hecho las cosas siempre así, yo debo hacer lo mismo… para qué cambiar*.

La necesidad de buscar la aceptación de nuestros semejantes nos obliga a esforzarnos lo justo para hacer las cosas según los patrones habituales, los que maneja la mayoría. Apenas hemos aprendido lo básico para incrustarnos en la maquinaria social, dejamos de apropiarnos de más información pues ya cumplimos con nuestro propósito. Hemos sido incluidos en la tribu y no nos hace falta más. Si gracias a los fundamentos que manejamos hemos pasado a formar parte de la congregación, de la sociedad, del sector al que deseábamos pertenecer, no es necesario romper hábitos. Nos volvemos rutinarios y así vemos pasar días, meses, años y décadas calcados.

Muchas veces la resistencia a aprender proviene de un factor cuyo descubrimiento, cuya detección, requiere un ojo sumamente aguzado: el miedo a lo que no sabemos, a lo desconocido. La frase hecha, la que muchas personas manejan en la actualidad, es la consabida *zona de confort*.

Puede suceder esto: nos preparamos en determinada área del conocimiento desarrollando un esfuerzo que catalogamos como considerable, y tal vez en efecto lo fue. Pongamos por ejemplo la obtención de una licenciatura, o de un oficio complicado y de cierta especialización. Nos hemos granjeado un número aceptable de clientela, gozamos del reconocimiento de los demás, tenemos prestigio, o por lo menos un sitio mínimamente garantizado. Y, como si el auto que manejáramos se desplazara en una cómoda pendiente, neutralizamos la palanca, apagamos el motor, y así nos dejamos ir, por la inercia.

Si alguien nos llegara a interrogar por nuestra actitud conformista, seguramente nos indignaríamos. «¿Cómo te atreves a preguntarme eso? ¿Qué, no sabes quién soy yo?». Reconocemos que hemos llegado al nivel de desempeño que buscábamos y lo demás será realizar nuestras actividades rutinariamente. Si se nos mueve de ese lugar, es muy probable que nos molestemos.

A la par puede ser que, muy en el fondo, exista la necesidad indeclinable de la exploración, de la aventura, del viaje emocionante por regiones insospechadas… pero nos da terror. Corremos el riesgo de equivocarnos, de sabernos falibles, de desplazarnos por espacios que no manejamos y en los que nos sentiremos descontrolados. Preferimos la *zona de confort*. Y bueno… aprender también implica una alta dosis de valentía, de temeridad.

Se aprende porque se quiere ser. Decidirse a aprender es el primer paso del avance, de la movilidad progresiva. La resolución implica movimiento, no hay alternativa. Adquirir conocimientos requiere tensión, conflicto, *acción dramática* en nuestra vida cotidiana. Es ingresar en terrenos sinuosos y, en ocasiones, poco agradables. Es desnudar nuestras carencias. Para aprender es indispensable admitir una postura que nuestra sociedad ve con ojos despreciativos: humildad.

Se debe tener prudencia en el manejo de tal concepto. Buena parte de nuestra sociedad ha sido adoctrinada, domesticada, bajo las reglas del sometimiento y el deber de afrontar los embates de la vida con una idea de *humildad* que tiene mucho de resignación. Igualmente, ese perfil bovino de la *humildad* conlleva el hecho de asumir que, si se recibe algo más allá de la simple supervivencia, si se obtiene un bien arriba de lo mínimamente aceptable, es inmerecido. Ese tipo de *humildad* nos aconseja permanecer a la sombra, casi desaparecer. Ese no es el caso.

Hay otra acepción de ese concepto. La humildad a la que deseo referirme tiene que ver con procesos positivos internos. El reconocimiento de que, por el contrario, sí me merezco... y mucho. Precisamente como soy merecedor de más, tengo que hacer la tarea precisa para granjearme lo debido. Esa prerrogativa se materializará en un mayor conocimiento. Aprender más.

El proceso de aprendizaje arranca con una frase muy sencilla: *no sé... pero quiero saber*; que bien podría transformarse en *necesito* saber, o *me urge* saber. Se trata de un pensamiento que tiene su origen en lo más profundo del alma. El compromiso, la decisión, se origina en una necesidad interior, en una avidez indeclinable. Eso se *siente*.

Este proceso puede ser de múltiples maneras. A fin de entenderlo tomaremos las siguientes definiciones, de las que se pueden extraer los principales elementos o ingredientes: el aprendizaje implica la transformación de la persona. Ese cambio muchas veces será permanente y se activa por la adquisición de saberes, habilidades o conocimientos. Hay varias formas de aprender: se puede realizar mediante el estudio, la instrucción, la práctica o la observación. Además, el proceso de aprendizaje puede llevarse a cabo por influencia externa o interna. La primera se debe regularmente a un maestro; la segunda solemos llamarla autoaprendizaje.

Insisto en la idea de que se aprende por el reconocimiento —tácito o manifiesto— de que *no sabemos*, de que es indispensable saber.

En el proceso de aprendizaje se comienza *siendo uno* y se termina *siendo otro*, ya sea de manera temporal o, muchas veces, para el resto de nuestras vidas. Solemos no percibir esos cambios, pero es un hecho incontrovertible que las transformaciones se operan. Es un constante renacimiento. Cambiamos de piel. Evolucionamos. Si nos da miedo, no lo hacemos, disfrazamos el temor con pretextos y nos petrificamos como estatuas de nosotros mismos. La transformación nos acarrea responsabilidades para con los demás, pero sobre todo para con lo que hemos sido. Para evolucionar, debemos identificar el combustible que nos hace falta y apropiarnos de él. Hacernos de datos, destrezas, experiencias, frases o imágenes. Identificar cuando nos estamos estacionando para, entonces, volver a sumir el acelerador.

Las formas, los métodos, las técnicas y los medios de apoderamiento de esos saberes son de vital trascendencia. *Estudio*, *instrucción*, *práctica* y *observación*. En estos cuatro caminos subyacen la dedicación, la disciplina, la perseverancia y el rigor. Cualquiera de las cuatro rutas, realizada de manera aislada y eventual, carece de efectos perdurables. Implementadas las cuatro de manera armónica y constante, nos otorgan beneficios rápidos y significativos. Pero, José Arturo, jóvenes, recuerden que la premisa es la aceptación del *no sé... pero quiero saber*.

¿El cambio está en el arte?

Con similitudes, diferencias, avances y retrocesos, la inconformidad ante lo sabido y la necesidad de conservar el conocimiento han sido el núcleo de los procesos de aprendizaje desde tiempos inmemoriales.

Sería largo enumerar el devenir de la educación. Ese tema merece otro sitio y con voces especializadas. Solamente acotaré un par de ideas breves: en nuestra época posmoderna, la educación requiere un cambio diametral. El tráfico incontenible e inconmensurable de información exige de nosotros que prioricemos no sólo sólidos criterios de discernimiento, sino también formas innovadoras y originales de manejo de datos, si es que deseamos sobresalir de la media. Debemos ser más diestros en nuestras formas de pensar, analizar, sistematizar, organizar e interpretar la información de que disponemos, y una vez hecho esto, saber qué podemos crear o construir con ella. La mayoría de las personas se limitan a aprender las técnicas que le basten para sobrevivir en el cada vez más demandante mundo laboral. Quien desea sobresalir, busca organizar su material de manera diferente y proponer rutas originales y creativas.

Desafortunadamente nuestro entorno educativo no viaja al ritmo de los nuevos requerimientos sociales. Muchos son los expertos en pedagogía que claman por cambios indispensables que aún no llegan a solidificarse, a extenderse. Persisten las fórmulas añejas, propias de un siglo XX que imponía la masificación de la enseñanza.

Si en verdad queremos hacer del nuestro un camino diferente, mucho más disfrutable, tenemos por fuerza que apropiarnos de los elementos que nos permitan el crecimiento por el sendero más fértil: la creatividad y el arte.

No sólo me refiero a la educación en el ámbito laboral, de por sí en perpetua transformación. Hablo de nuestra idea de educación en el sentido más amplio del término. Es decir, cómo comprendemos el mundo, lo tangible y lo intangible, y cómo podemos entenderlo, aprehenderlo, desde sus perfiles más simples y sencillos hasta sus más intensas complejidades, partiendo de la base de lo estético.

Pocos lo han expresado con mayor claridad que *sir* Ken Robinson, el prestigioso educador inglés. Esto es lo que asevera en su libro *El elemento. Cómo encontrar tu pasión puede cambiarlo todo*:

> El mundo nunca había cambiado tan rápido como ahora. Nuestra mayor esperanza de cara al futuro es desarrollar un nuevo paradigma de la capacidad para llegar a una nueva dimensión de la existencia humana. Necesitamos propagar una nueva apreciación de la importancia de cultivar el talento y comprender que este se expresa de forma diferente en cada individuo. Tenemos que crear marcos —en las escuelas, en los centros de trabajo y en los estamentos públicos— en los que cada persona se sienta inspirada para crecer creativamente. Necesitamos asegurarnos de que todas las personas tienen la oportunidad de hacer lo necesario para descubrir el Elemento por sí mismas y a su modo.[4]

---

4 Ken Robinson. *El elemento*. Trad. Mercedes García Garmilla. Editorial Grijalbo. 2009. Pág. 18.

El concepto *Elemento* es, para Robinson, el sitio donde nosotros fluimos de forma óptima, haciendo lo que queremos hacer y, además, lo que nos sale mejor.

Mi propuesta es apelar al uso de formas, métodos, medios y técnicas, tanto de instrucción externa como de auto-preparación, que propicien el desarrollo de perspectivas y habilidades artísticas y creativas en nuestra vida cotidiana. Querido hijo, apreciados jóvenes, creo que vale la pena llevarlo a cabo.

De paseo por la educación artística

Así pues, ¡pongámonos creativos! Parece una obviedad, una perogrullada: se alienta la creatividad porque se anhela el progreso. Se fomenta la sana ambición renovadora porque se busca el mejor camino para el desarrollo y el bienestar.

Te propongo que sigamos ahora observando algunas ideas contenidas en el estudio de la OCDE: *¿El arte por el arte?*

Dicho trabajo aconseja ser cauto al intentar extraer algún tipo de generalización de los datos ahí presentados, subraya la necesidad de profundizar en los tópicos abordados y, además, insiste en que se debe tomar con reservas las investigaciones preliminares que se mencionan. Eso sí, los autores permiten esbozar algunas premisas que vale la pena observar:

> La educación artística es un medio para desarrollar el pensamiento crítico y creativo. También se argumenta que ayuda a desarrollar habilidades que mejoran el desempeño de los alumnos en las materias académicas no artísticas, como las matemáticas, las ciencias, la lectura y la escritura, así como a fortalecer la motivación académica, la confianza en sí mismo y la capacidad de comunicarse y cooperar de manera eficaz. Por consiguiente, se ha tendido a asumir que la educación artística ejerce una influencia positiva en los tres subconjun-

> tos de habilidades que definimos como «habilidades para la innovación»: técnicas, incluso en algunas materias no artísticas; de pensamiento y creatividad; sociales y de comportamiento (o carácter).[5]

Esto significa que, al establecer la estrecha relación entre creatividad, enseñanza artística e innovación, caminamos sobre terreno confiable. En efecto, harán falta más investigaciones que corroboren tales correlaciones, pero de forma preliminar podemos contar con algunas certezas.

Loa autores del trabajo citado afirman que estudiar y practicar las disciplinas artísticas nos ayudarán a incrementar el manejo del criterio y las facultades inventivas, no sólo en áreas propias de la estética sino en cualquiera otra. Es decir —utilizando términos que se han convertido en populares—, nos refuerzan en buena medida ambos hemisferios.

Punto a subrayar para nuestra postura es la incidencia de la educación artística en determinados aspectos subjetivos como el entusiasmo con el que abordamos nuestra preparación, el afianzamiento de la seguridad personal y el aumento de nuestra capacidad para relacionarnos con los demás.

Conclusión: puedes estar seguro de que, al aproximarte a la práctica de las artes, al incorporar el placer estético en tu vida cotidiana, tendrás muchos beneficios que irán incluso más allá del gozo sensorial. Si optas por una perspectiva renovadora, si te propones dotar cada tramo de tu existencia de un conjunto de reglas, un sentido y una finalidad artísticos, experimentarás una mejora en tu calidad de vida, tanto espiritual como material.

En efecto, al contacto de las disciplinas artísticas se incrementan nuestros recursos imaginativos, tanto en el campo del

---

5 Winner, E., T. Goldstein y S. Vincent-Lancrin. *¿El arte por el arte?* Resumen, OECD Publishing, 2014. Pág. 7.

arte como en el resto de los ámbitos que nos dispongamos a abordar. En cuanto a la innovación, el estudio resalta que se desarrollan las habilidades técnicas, necesarias para la elaboración de procedimientos prácticos, físicos, mecánicos; las destrezas tanto de razonamiento crítico, lógico, sistemático, como de pensamiento disyuntivo, alternativo, colateral; y las facultades sociales, comunicativas, relacionales.

Vamos más allá. La educación artística —tanto la proveniente de la docencia como la del autoaprendizaje— influye en la conformación de varios aspectos de nuestros rasgos psicológicos; además, es un importante auxilio para desplegar las cualidades de percepción y observación, y nos exige un mejor manejo de las capacidades expresivas, es decir, del manejo del lenguaje verbal y no verbal.

El contacto con el arte y su implicación en nuestros procesos de vida, nos obligan a cuestionarnos sobre quiénes somos y qué resultados estamos obteniendo. No significa que el oficio habitual o la profesión tradicional que ejerzamos no nos provoquen ese tipo de preguntas. Esa inquietud es connatural al ser humano en todo momento y en cualquier situación. Pero la educación artística nos resalta tales necesidades, las evidencia, las acentúa, las hace más patentes, e incluso —mediante un manejo correcto, constante y sistemático— nos ayuda a obtener mejores resultados. Esto es lo que opina al respecto el estudio de la OCDE que he estado citando:

> Un extenso cuerpo de datos de correlación obtenido en Estados Unidos revela que el nivel de logro de los alumnos que participan en un gran número de cursos de arte (los estudios no especifican el tipo de cursos de arte y probablemente sean una mezcla de cursos distintos) es mayor (según las calificaciones escolares y los puntajes en pruebas estandarizadas verbales y de matemáticas) que el de los alumnos que toman menos cursos de arte o ninguno; y un estudio mostró que esta

relación persiste entre los alumnos ubicados en los extremos alto y bajo del espectro socioeconómico. No obstante, el estudio citado nos solicita ser cautos con los resultados pues observa determinados puntos de relativización.[6]

Es posible que el muestreo mencionado tenga una buena porción de razón. El arte puede constituir en nuestras vidas un revulsivo que nos impulse en la consecución de determinadas metas. Pero, por otro lado, hay que hacer caso a la advertencia de tomar con reservas esas conclusiones.

He sabido de personas que jamás han visto una obra de teatro, que casi no han visto cine, que no conocen nada de pintura y mucho menos de escultura, y llevan una vida plena de éxitos. Al aproximar la lupa podríamos identificar que, en realidad, se trata de personas con un alto sentido estético en su forma de pensar. Por otro lado, no puede negarse la posibilidad de que existan artistas profesionales que lleven una vida adocenada, monocorde, burocrática. Se infiere de esta manera que hablamos de la vida vivida con sentido artístico.

Atendamos otra de las aseveraciones del estudio de la OCDE. En concreto, veamos los posibles beneficios que nos acarrea la enseñanza de disciplinas musicales:

> La educación musical fortalece el coeficiente intelectual (CI), el desempeño académico, las habilidades fonológicas y la capacidad de escuchar en un ambiente ruidoso; también hay evidencia preliminar de que la educación musical puede facilitar el aprendizaje de lenguas extranjeras.[7]

Sabemos que sin música no podemos vivir. Es un bien necesario. Nos acompaña a diario, e incluso, resalta y subraya

---

6 Ibídem. Pág. 9.

7 Ibidem. Pág. 9.

nuestra partitura emotiva. La música puede ser atendida desde un punto de vista religioso, místico, ritual, o bien de sanación, médico, así como de divertimento y entretenimiento.

Sin embargo, lo que se señala aquí es que el aprendizaje de una disciplina musical va a repercutir de manera directa en nuestra inteligencia, en nuestro desarrollo escolar y nos afinará las capacidades auditivas, además de ayudarnos para la adquisición de idiomas.

Desde siempre se ha hablado que estudiar música, o escucharla con suma atención, nos ayuda a estructurar mejor nuestra forma de pensar. Lo que es un hecho irrebatible es que la música influye en nuestra espiritualidad y expresa de manera contundente nuestras emociones.

Una duda válida es si todo tipo de música incide en tales virtudes, o si únicamente funciona determinada clase de música. Es un tema arduo y espinoso por lo difícil de definir *buena* o *mala* música. ¿Cuál es la música de calidad? ¿Bajo qué elementos podemos decir que una canción es mala? Creo que eso depende tanto de factores objetivos como subjetivos. Los cuestionamientos son tan difíciles y no es este el sitio adecuado para abordarlos. Recomiendo darse una vuelta por *YouTube* y acceder a los vídeos de George Martin titulados *El ritmo de la vida*.[8] Tanto el genial productor de los Beatles como prestigiosos músicos dan sus puntos de vista sobre elementos que pueden inclinar la balanza hacia la buena o mala música, como la armonía o la melodía y el propio ritmo.

A mi modo de ver sí puede hablarse de música rudimentaria, demasiado esquemática, y por el contrario, hablarse de otra más refinada, elaborada, trabajada más a profundidad y que requiere mayor técnica para su ejecución. Esta última puede enaltecer aún más las emociones y las capacidades expresivas.

---

8 George Martin. *El ritmo de la vida*. Video disponible en: https://www.youtube.com/watch?v=FI8sFGOp9Cs. Visto el 19/07/2024.

Ahora veamos qué dice el estudio de la OCDE en cuanto al teatro:

> Hay evidencia sólida de que la educación teatral, concebida como la representación de narraciones en el aula (teatro en el aula), fortalece las habilidades verbales, pero no hay evidencia de que la formación teatral y las habilidades académicas generales estén vinculadas.[9]

El párrafo expone dos conclusiones: el ejercicio del teatro ayuda a la verbalización; no obstante, según el estudio carecemos de pruebas contundentes que nos demuestren que el teatro sirve para desarrollar nuestras capacidades como estudiante.

Debo decir un par de cosas al respecto, sobre todo desde el punto de vista de alguien que ha dedicado buena parte de su vida al teatro, como es mi caso.

El teatro es un concepto amplio que abarca varios aspectos y el ejercicio de esta disciplina otorga un amplio espectro de opciones que puede incidir en el desarrollo de la personalidad. Hay un perfil literario, tanto de aplicación práctica —me refiero al hecho de escribir teatro, diálogos teatrales-, como al goce contemplativo —ya sea leer obras de teatro, o bien analizarlas, desmenuzarlas—, que puede resultar un poderoso auxiliar para entender ciertas problemáticas de la condición humana.

Independientemente de si Harold Bloom cayó en determinados excesos al otorgar a Shakespeare la patente de *la invención de lo humano*, vale la pena traer a colación algunas frases precisamente de ese interesante trabajo:

> Antes de Shakespeare, el personaje literario cambiaba poco; se representa a las mujeres y a los hombres envejeciendo y muriendo, pero no cambiando porque su relación consigo

9 Winner, E., T. Goldstein y S. Vincent-Lancrin. Op. Cit. Pág. 10.

mismos, más que con los dioses o con Dios, haya cambiado. En Shakespeare, los personajes se desarrollan más que se despliegan, y se desarrollan porque se conciben de nuevo a sí mismos. A veces esto sucede porque se escuchan hablar a sí mismos o mutuamente. Espiarse a sí mismos hablando es su camino real hacia la individuación, y ningún otro escritor, antes o después de Shakespeare, ha logrado tan bien el casi milagro de crear voces extremadamente diferentes aunque coherentes consigo mismas para sus ciento y pico personajes principales y varios cientos de personajes menores claramente distinguibles.

Cuanto más se lee y pondera las obras de Shakespeare, más comprende uno que la actitud adecuada ante ellas es de pasmo.[10]

Shakespeare, y otros autores dramáticos importantes, le muestran a un espíritu abierto a la sensibilidad (el lector de teatro, el actor dramático) el sendero para explorar, de manera eminentemente artística, los más trascendentes conflictos del ser humano. Es importante hacer notar que, a diferencia de la novela o de los relatos en general, el teatro nos obliga a basarnos sólo en los diálogos y complementar con nuestra imaginación la ambientación donde suceden las acciones. En ese sentido, para reforzar la idea, diremos que leer teatro nos ayuda a despertar nuestra imaginación. Y eso aumenta si la imaginación se enfoca en escribir diálogos, lo cual resulta una tarea sumamente catártica.

Dentro del mencionado abanico de posibilidades es necesario hablar del poder pedagógico de la actuación. No quiero decir que, de forma inevitable, al subirse al escenario, por ese

---

10 Harold Bloom. *Shakespeare o la invención de lo humano*. Trad. Tomás Segovia. Ed. Anagrama. Colección Argumentos. 2005. Pág. 17.

solo hecho se adquieran conocimientos irrefutables. Nada más lejos que eso. Lo que sí puedo decir, por mi experiencia tanto en los escenarios como en los salones de clases, es que la actuación resulta un medio idóneo para confrontarse consigo mismo… si se cuenta con la adecuada guía de un buen maestro. El trabajo de la actriz, del actor, es sobre su propio cuerpo a fin de convertirlo en su instrumento de ejecución.

El hecho del trabajo corporal, aunado a la utilización de la palabra común y coloquial para abordar situaciones humanas —desde las más complejas hasta las más triviales— es causa de que el teatro esté al alcance de todos. Sólo hace falta una raya en el suelo para separar al espectador del actor y el fenómeno teatral se da con enorme naturalidad. Únicamente se debe tener cuidado —insisto— en ingresar al juego de la actuación, siempre y bajo todas las circunstancias, con toda la seriedad que requiere. De esta manera la experiencia puede ser placentera.

Siguiendo la temática propuesta por el artículo de la OCDE veremos ahora lo que nos dice respecto de otra disciplina artística y su relación con la educación.

> Si bien no hay pruebas de que la formación en artes visuales mejore las habilidades académicas verbales o matemáticas, dos nuevos estudios de correlación muestran que los alumnos que estudian artes visuales son mejores para el razonamiento geométrico que quienes no las estudian.[11]

En este sentido, el estudio en cuestión es categórico en cuanto a los beneficios académicos que nos acarrea la práctica de las artes visuales, ya sea la pintura, escultura, fotografía, etcétera. Pensar en imágenes nos obliga a introducirnos en el mundo de las figuras geométricas y, en mi opinión, a desarrollar un sen-

11 Winner, E., T. Goldstein y S. Vincent-Lancrin. Op. Cit. Pág. 10.

tido del espacio. Sigamos con otro aspecto contemplado por el estudio de la OCDE.

> Algunos estudios muestran que la instrucción dancística mejora las habilidades visuales/espaciales, medidas con pruebas escritas, pero estos estudios todavía son poco numerosos para ser concluyentes. No encontramos pruebas de que la educación dancística mejore las habilidades académicas verbales ni las matemáticas.[12]

No obstante estas conclusiones previas, y tomando en consideración que se nos recomienda estudios más profundos, podemos quedarnos con la idea de que la danza mejora nuestras percepciones tanto visuales como espaciales.

Estamos llegando al final de nuestros comentarios sobre el interesante estudio de la aplicación de las disciplinas artísticas a la educación regular. Por lo general se recurren a tales herramientas pedagógicas para hacer más atractivas las materias habituales y lograr resultados efectivos. En ocasiones —como fue mi caso— esos cursos optativos encausan vocaciones; por lo menos, es un auxiliar para el desarrollo de potenciales. En última instancia, y es mi postura, ayuda mucho a encontrar sentido a la vida.

Enfatizo que es indispensable abordar los estudios de las disciplinas artísticas con el rigor propio de cualquier otra materia. En nuestro medio educativo es típico que la clase optativa de arte sea delegada a un profesor que no tiene la menor idea de lo que va a impartir y se remite sólo a indicar algunas informaciones elementales adquiridas en manuales básicos y desapasionados.

Asimismo, el estudio de la OCDE nos confirma algo que no debemos perder de vista: la educación estética nos puede

---

12 Ib. Pág. 10.

ayudar a desarrollar determinadas aptitudes sociales y personales como son la habilidad discursiva, el auto-conocimiento, la confianza en sí mismo y en los demás, las capacidades de comunicación y de ser solidario, el manejo emocional, el conocimiento del espacio, del tiempo y del ritmo, y por sobre todas las cosas —a mi modo de ver— la posibilidad placentera de realizarse, mediante el juego y a través de reglas rigurosas, como ser humano.

Remarco: la visión de las cosas se vuelve mejor mediante la educación artística, no sólo enfocada a la práctica de alguna de sus tantas ramas estéticas o a la contemplación de esa idea aristocrática del arte en sitios privilegiados, sino para absorber la esencia del arte y aplicarlo a nuestra vida cotidiana. Eso es lo que, desde mis postulados, amado José Arturo, te sugiero llevar como regla permanente. Y no es difícil hacerlo. De hecho, es muy divertido, placentero, da resultados inmediatos y otorga sentido a muchos aspectos de nuestra experiencia diaria, a nuestras constantes reflexiones.

Sobre el proceso de aprendizaje

No debes olvidar que *aprender* es una disposición, una iniciativa que debes tener siempre presente, una decisión que jamás puede estar adormilada.

Por fortuna muchos de mis amigos con los que compartí clases en la universidad, o en salones de ensayos de teatro, o en los talleres literarios en que he estado, han demostrado con el paso del tiempo que siguen preparándose, continúan perfeccionando su oficio, siguen develando secretos, acumulando conocimientos y aplicándolos de forma renovada.

Por el contrario, he conocido personas que, al llegar a una edad madura llegan a manifestar cosas que dan qué pensar; frases como «yo ya sé lo que tenía que saber, así que nada más me queda retirarme»; o «a mi edad ya sólo espero jubilarme y vivir de mi pensión»; o «esta profesión ya no tiene secretos para mí».

Es una realidad que una persona que se ha aplicado a conciencia durante años a un oficio o a una profesión puede adquirir suficiente pericia como para considerarse un experto. Hay gente que sabe largo rato sobre determinada rama y se convierte en lo más cercano a una enciclopedia andante. Existen especialistas que pueden asombrarnos por su increíble capacidad. Un erudito nos puede dejar con la boca abierta cuando hace gala de su inagotable manejo de datos. Ahora bien: en términos generales, los expertos en determinadas materias son extremadamente humildes ante su ciencia. Puede ser que ante los demás muestren algo de arrogancia —se dan casos—, pero es evidente que frente a la disciplina o disciplinas que estudian suelen mostrar veneración.

Es natural: cuando una disciplina nos apasiona queremos saber todo de ella y le encontramos nuevas facetas que ansiamos y debemos develar. Nos convertimos en coleccionistas de información. Nos enamoramos de nuestro oficio, de nuestra profesión, de nuestro hobby. Pero no nada más es cuestión de datos. Cuando profundizamos en las aguas de una rama del conocimiento, inevitablemente accedemos a la reflexión ética y filosófica que nos produce tal disciplina. Las cosas adquieren honda significación por la materia que mueve nuestro oficio. Quien no ha encontrado una pasión de esa magnitud… se ha perdido de algo vital.

Ahora bien, es indispensable diferenciar los siguientes conceptos: erudición y sabiduría. Erudición no implica sabiduría. Manejar una cantidad considerable de referencias no acarrea de forma automática la comprensión de la filosofía de esa disciplina. Una cosa es la acumulación de información, otra el entendimiento de la esencia de tal saber, y otra su práctica y realización. Desde la Grecia clásica opera la distinción entre los tipos de conocimiento, separando lo que entra en terrenos de *epistéme*, *noûs*, *sophía*, *tekné* y *phrónesis*. A grandes rasgos podemos diferenciarlo entre conocimiento científico y filosófico, aunque la teoría del conocimiento tiene vericuetos en los cuales nos adentraremos páginas más adelante.

Me interesa remarcar esta premisa: aprender es una disposición, es producto de una voluntad dinámica e indeclinable. No es una meta, es un proceso.

Para redondear la idea: la propuesta que hago es que hagas conciencia de ese proceso de aprendizaje y lo dirijas en buena medida bajo la luz de categorías artísticas.

¿Cómo hacer de manera permanente que el aprendizaje sea un juego con fundamentos estéticos y contenga siempre significados importantes y practicidad evidente? Suena a tarea hercúlea, pero te propongo dedicar el tiempo necesario a los siguientes puntos:

La época en que vivimos nos obliga, por un lado, a proveernos de nuevos aprendizajes, a renovar a diario nuestros conocimientos; por otro lado, debido a ciertos matices de vertiginosidad y superficialidad del mundo actual, es indispensable que sopesemos tanto los saberes adquiridos como sus propias bases y fundamentos.

Esas dos formas, que llamaremos *práctica* y *filosófica*, nos exigen un juego disciplinado, es decir, una labor con *método*. Ese método puede estar basado en determinadas referencias externas pero, en última instancia, debemos volverlo *nuestro*. Tenemos que confiar en nuestras pericias. «¡Quiero ir descubriendo mi creatividad en mi vida diaria, según *esta* disciplina artística... porque soy artista!».

Para crear nuestro *método*, es indispensable realizar un trabajo al que, con mayor o menos frecuencia, todos rehuimos, o lo disfrazamos, o suponemos que ya lo cumplimos: el *autoconocimiento*.

En realidad, ¿quién soy?, ¿cómo soy?, ¿qué me gusta?, ¿qué deseo hacer?, ¿cuáles son mis aptitudes, mis cualidades, lo que hago con mayor facilidad y además me apasiona?, ¿qué es lo que hago mejor, tanto para mí, como para los demás?

A estas y otras preguntas sobre el autoconocimiento dedicaremos nuestros siguientes pasos. ¿Me acompañas, José Arturo? ¿Seguimos, jóvenes?

Dos cuentos sabios

Para adentrarnos en el tema del autoconocimiento te propongo leer un par de textos para después comentarlos. El primero es uno que posiblemente conozcas: *El loco*, del popular escritor libanés Gibrán Jalil Gibrán.

> En el jardín de una clínica conocí a un muchacho de cara pálida y bella, allí internado. Y sentándome junto a él sobre el banco, le pregunté:
>
> —¿Por qué estás aquí?
>
> Me miró sorprendido, pero me contestó:
>
> —Es una pregunta inapropiada. No obstante, te contestaré. Mi padre quiso hacer de mí una reproducción de sí mismo. También lo quiso mi tío. Mi madre quiso que fuera la imagen de su ilustre progenitor. Mi hermana mostraba a su esposo, un marino, como el ejemplo perfecto a seguir. Mi hermano pensaba que debía ser como él, un excelente deportista. Y mis profesores, como el de filosofía, el de mú-

sica y el de lógica, también ellos fueron categóricos respecto de mi destino, y cada uno quiso que fuera el reflejo de sus propios rostros en un espejo. Por eso vine a este lugar. Lo encontré más sano. Al menos en este sitio puedo ser yo mismo.

Enseguida se volvió hacia mí y dijo:

— Pero dime, ¿la educación y la orientación que te dieron fueron la causa por la que te trajeron aquí?

— No, sólo vengo de visita —contesté.

— Oh —añadió él- tú eres uno de los que vive en la clínica del otro lado de la pared.[13]

Como todo cuento o parábola de Jalil Gibrán, *el Loco* posee una significación profunda. El joven encerrado tiene una visión más clara, más autónoma y auténtica de la vida que su interlocutor. El muchacho —cuyo rostro pálido es un signo del encierro y mucho tiempo de reflexión— se había sentido fuertemente presionado por su círculo cercano —el que se suponía que debía ser más leal y propiciar un desarrollo adecuado— para hacer lo que cada uno le ordenaba, lo que cada uno de ellos creía que era el modo de realización individual. Pero él, lúcido, encontró que el hospital le ofrecía mayores posibilidades de libertad, o por lo menos de independencia. La conclusión no nos deja lugar a dudas: la verdadera cárcel, el real manicomio,

---

13 Gibrán Jalil Gibrán. *El loco*. Visto el 22/07/2024 en http://ciudadseva.com/texto/el-loco/.

está afuera. El texto nos permite entrever que el interlocutor, al dejar testimonio de ese encuentro por considerarlo importante, comenzará, al menos, a poner en tela de juicio el mundo exterior. El cuento es muy valioso. Sin embargo, te sugiero que en todo momento hagas un correcto balance de la idea de la locura como *la verdadera lucidez*. Románticamente siempre ha sido un tema atractivo y recurrente, pero la verdadera locura es infernal.

Siguiendo la misma línea de relatos que tocan directamente el tema del autoconocimiento reproduzco una obra que pertenece al folklore hindú y la someto a tu consideración. Es un cuento brevísimo y se llama justamente *Conocerse a uno mismo*.

> Un niño de la India fue mandado a estudiar a una escuela de otro país. Pasaron algunas semanas, y un día el jovencito se enteró de que en la institución había otro niño de la India y se sintió feliz. Indagó sobre ese niño y supo que el niño era del mismo pueblo que él y experimentó una enorme alegría. Más adelante le llegaron noticias de que el niño tenía su misma edad y tuvo una enorme satisfacción. Pasaron unas semanas más y comprobó finalmente que el niño era como él y tenía su mismo nombre. Entonces, a decir verdad, su felicidad fue inconmensurable.[14]

A reserva de lo que tú observes, este cuento me parece entrañable, sobre todo por su explícito y deliberado aroma de felicidad. El camino del autoconocimiento, con sus constantes arribos a diferentes puertos —pues, te adelanto, jamás hay uno fijo, definitivo—, debería ser una aventura inquietante y llena de satisfacciones. Así debería de ser. Los conceptos de

---

14 *101 Cuentos clásicos de la India*. Recopilación de Ramiro Calle. Ed. Biblioteca Nueva Era. 2003. Pág. 25.

autoconocimiento y *autoafirmación* tendrían que estar siempre sincronizados. Querido José Arturo, la breve ficción presentada me remite a aquellos primeros cuestionamientos que todos nos comenzamos a hacer en una edad temprana. ¿Quién soy? ¿Qué me gusta y qué no? ¿Qué quiero hacer en un futuro que apenas vislumbro? ¿En quién o quiénes puedo creer o desconfiar? ¿Dónde y cómo encuentro la verdad, o mejor dicho, *mi* verdad?

El arte de conocerse

Concuerdo con quienes opinan que el autoconocimiento, desde hace muchos años, debió ser una materia obligada en el programa escolar. No quisiera sonar demasiado pesimista: el hombre ha aprendido a destruir su hábitat, pero no se ha preocupado por saber quién es. Si el ser humano ha fallado en la construcción del sentido del *progreso*, se debe precisamente a que ha descuidado el temprano y permanente cultivo del autoconocimiento. Por el contrario, si hay algo que puede edificar nuestra personalidad en conjunción con nuestros pares, es el trabajo diario sobre nuestro yo ontológico y sus diversos aspectos. No es una materia sencilla. No te voy a develar en estas páginas sus cuevas más profundas y la respuesta tajante a la duda existencial. Sería una irresponsabilidad de mi parte prometerte lo imposible. Pero lo que sí te propongo es que caminemos juntos al ritmo de varias de sus preguntas más trascendentes.

Por principio de cuentas debemos establecer que el autoconocimiento es una asignatura que debemos seguir de forma individual, personal, honesta, íntima y con sistema. Puesto que socialmente se ha perdido la promoción de su estudio, es necesario que imprimamos un redoblado rigor para abordarla. Naturalmente podemos recurrir a la ayuda de personas de confianza, acudir a la meditación, a la reflexión, y de manera sustancial al auxilio de libros especializados que nos sirvan en la constante labor de introspección.

Debemos mencionar también que se trata de una ciencia multidisciplinaria. Convergen desde la ética, la psicología, la antropología, la pedagogía, por supuesto la filosofía, e incluso —hay quienes lo ven así— saberes religiosos, místicos o esotéricos. Es la savia que corre en el interior de todo conocimiento que nos interesa. Así debería ser. Reproduzco las palabras del especialista en Teoría de la Educación Agustín de la Herrán al respecto:

> Desde la práctica didáctica, el autoconocimiento es un tema simultáneamente transversal y radical a cualquier otro ámbito que se pueda aprender, investigar o comunicar. Por eso entiendo que una enseñanza de la que pueda obtenerse dominio cognoscitivo es eficaz; una educación que favorezca la realización de aprendizajes significativos y creativos es sin duda fértil; pero una Didáctica que adopte al autoconocimiento como referente formativo siempre puede ser más útil para conocer y ser mejor.[15]

Eso es lo que debería ser. El autoconocimiento debería permear toda nuestra labor investigativa, indagadora. Deberíamos de hacernos de conocimientos para acrecentar el de nosotros mismos. Pero no sucede de esa manera. O mejor dicho, ha dejado de suceder. Adelantándonos un poco a ciertas conclusiones, he de mencionar que el conocimiento ha perdido una connotación interior para, en vez de eso, hacerse exterior. A reserva de comentarlo con más detalle, te comento que esta idea ya la manejaba hace años Jean-François Lyotard, en su famoso

---

15 Agustín de la Herrán Gascón. *Autoconocimiento y formación: más allá de la educación en valores.* Revista Tendencias Pedagógicas 8. 2003. Pág. 14.

librito *La condición posmoderna*. El introductor del término *Posmodernidad* decía en tono francamente pesimista:

> Se puede, por consiguiente, esperar una potente exteriorización del saber con respecto al «sabiente», en cualquier punto en que éste se encuentre en el proceso de conocimiento. El antiguo principio de que la adquisición del saber es indisociable de la formación (*Bildung*) del espíritu, e incluso de la persona, cae y caerá todavía más en desuso.[16]

Es decir, en nuestra cultura *posmoderna* —o de la *modernidad líquida*, para hacer referencia al concepto equivalente acuñado por el intelectual Zygmunt Bauman—, se han convertido más importante el conocimiento externo, numérico, tecnológico, que posee un evidente valor práctico, visible, concreto, monetario. El adentrarse a las profundidades del ser quedó en el impreciso y nada confiable feudo de la mala literatura de autoayuda o en las aulas de las interesantes pero no demasiado concurridas clases universitarias de filosofía.

Afirmé algo arriesgado y debo afrontarlo. Dije que el autoconocimiento *ha dejado de ser*. Pero... ¿es que alguna vez lo fue? ¿Hubo alguna época en la que el autoconocimiento fue prioritario para la sociedad?

No es nuestro principal propósito hacer historia... pero siempre es placentero viajar al pasado, por lo menos de manera aproximativa. Te prometo que sólo serán unas cuantas líneas.

En las culturas antiguas, el germen de la filosofía estaba enfocado a explicaciones del origen del mundo, cuestiones morales y especulaciones sobre el más allá. Así sucedió en Egipto, Caldea, Babilonia, Israel y Persia. Las religiones abastecían el pensamiento proto-filosófico.

---

16 Jean-François Lyotard. *La condición postmoderna*. Trad. Mariano Antolín Rato. Ed. Cátedra. 1991. Pág. 6.

La antigua India ya nos entrega un pensamiento que comienza a intentar indagar sobre la naturaleza del hombre. Los *Upanishads* —también conocidos como *Vedanta*, o último conocimiento— hablan de un principio denominado *Atman*, lo absoluto en el hombre, no su alma sino su ser. Transcribo el siguiente verso del llamado *Mândûkya Upanishad*:

> Sloka 7.- La cuarta parte (Turiya), según dicen los sabios, no es un conocimiento interno ni externo, ni una combinación de ambos. No es tampoco una masa indefinida de conocimiento, no es un conocimiento colectivo, ni es un no-conocimiento. Él es invisible, no-relacionado, inconcebible, no-inferible, inimaginable, indescriptible. Es la esencia del autoconocimiento común a todos los estados de conciencia. Todo lo fenoménico cesa en Él. Él es paz, es bienaventuranza, Él es no-dual. Este es el Ser, es lo que debe ser Realizado.[17]

Como podrás observar, en este texto —y en general en la literatura hindú— hay un tratamiento profundo y definitivo del autoconocimiento, siempre con marcados matices místicos. Se atribuye a Siddharta Gautama la sentencia *El yo es lo único que debe conocerse.*

La ancestral China nos ofrece diversos documentos centrales en la materia. Mencionaremos por un lado al *I Ching, o Libro de las mutaciones*, y por otro lado a los *Cuatro Libros del confucianismo*. Ambas obras con un poderoso trasfondo moral. Transcribo, como ejemplo, un fragmento del *I Ching* y la correspondiente explicación de Richard y Helmut Wilhelm:

> Hexagrama Número 20. La contemplación. [...] Seis en el tercer puesto significa: «contemplación de mi propia vida: tomas la decisión entre avanzar o retroceder».

---

17 *El Mândûkya Upanishad*. Explicado por el Swami Sarvananda. Trad. Ada. D. Albrecht. Ed. Hastinapura. Argentina. 2003. Pág. 21.

> Explicación: este es el lugar de la transición. Ya no vemos hacia fuera para recibir imágenes que están más o menos limitadas y confusas. Por el contrario, dirigimos nuestra contemplación a nosotros mismos a fin de encontrar una guía para nuestras decisiones. Esta autocontemplación implica superar el egoísmo ingenuo de la persona que lo ve todo en función de su propio punto de vista. La persona empieza a reflexionar y su andar adquiere objetividad. Sin embargo, el autoconocimiento no implica preocuparse de sus propios pensamientos; más bien, implica considerar qué efectos tienen nuestras propias acciones. Sólo el efecto que tienen nuestras vidas nos da el derecho a juzgar si lo que hemos hecho implica avance o retroceso.[18]

Así, siguiendo la línea habitual del paso del mito al logos, llegamos a la Grecia Clásica. Se han dedicado bibliotecas enteras a la filosofía griega, y a riesgo de ser reiterativo, habré de traer a colación la frase de Alfred North Whitehead tantas veces dicha: *toda filosofía occidental es una serie de notas a pie de página de la filosofía platónica.*

Digamos que la filosofía, tal como la concebimos hoy, fue inaugurada como ciencia en el siglo V a. C., precisamente en Grecia. Entre los primeros podemos nombrar a Tales, Heráclito, Pitágoras, Anaxágoras y Anaximandro. Ellos se entregaban a la especulación en torno a temas como el origen del universo, la composición de las cosas y el establecimiento de leyes naturales. Paulatinamente el tema va dirigiéndose al *ser*, y por ende, al Hombre.

Empédocles, Heráclito y Parménides trataron al Hombre como ser natural. Es famosa, y muy debatida, la frase de Protágoras, *el Hombre es la medida de todas las cosas.*

---

18 *I Ching. El libro de las mutaciones*. Prólogo de C. G. Jung, Richard Wilhelm y Helmut Wilhelm. Ed. Hermes Sudamericana. 1989. Pág. 162.

En estos inicios, el conocimiento del ser humano aún tiene connotaciones morales, e incluso políticas. La perfección se haya en la vida ciudadana. Es de mencionar el surgimiento de los *sofistas*, quienes dejaron de reflexionar sobre cuestiones cosmológicas y dedicaron sus esfuerzos a dilucidar temas prácticos sobre el hombre en sociedad… y a ganar dinero por sus enseñanzas, asunto que Platón, estimado José Arturo, apreciables jóvenes, no vio con buenos ojos, ya que él seguía a pies juntillas los postulados de Sócrates.

Los inevitables Sócrates, Platón y Aristóteles

Sócrates, al decir de muchos, fue un tipo sumamente incómodo. Además, tenía fama por su fealdad y sus malos modales. Le apodaban «el abejorro», o «el tábano», pues apenas veía un círculo de personas, se aproximaba a ellos y comenzaba a increparlos con preguntas interminables. A sus interrogatorios no había manera de escapar. Paradójicamente, él sí tuvo oportunidad de huir cuando permaneció preso acusado de impiedad y corrupción de la juventud, pero en uno de los más sublimes actos de integridad intelectual se negó a la fuga y aceptó la pena de beber cicuta. Como referencia, recomiendo la película sobre el juicio a Sócrates de Roberto Rossellini realizada en 1970; allí se nos presenta a un *beatífico* filósofo; o bien, echarle un vistazo al fragmento dedicado a ese famoso juicio en *El mundo de Sofía*.

Pese a no haber escrito una sola línea —al igual que Pitágoras—, la aportación más trascendente de Sócrates fueron sus ideas sobre la búsqueda de la verdad universal a través de su método: la *mayéutica*, una suerte de interrogatorio al más puro estilo de fiscal en serie de TV. Se atribuye al maestro universal la frase «Conócete a ti mismo». —Aunque hay quienes afirman que ese famoso eslogan fue obra de Pítaco, uno de los siete sabios de Grecia—. En su *Apología*, Platón pone en boca del legendario filósofo estas palabras:

> El mayor bien del hombre es hablar de la virtud todos los días de su vida y conversar sobre todas las demás cosas que han sido objeto de mis discursos, ya sea examinándome a mí mismo, ya examinando a los demás, *porque una vida sin examen no es vida*[19] (Obviamente la cursiva es mía).

Frente a la creciente relativización de algunos postulados sofistas, Sócrates propugna por andar sobre suelo firme, lucha por un fundamento que resuena hasta nuestros días: la afirmación de la persona por medio del conocimiento que tenga de sus más recónditos impulsos y objetivos. Con él se potencia también una serie de premisas que serán desarrolladas por Platón y Aristóteles: el ser humano *ético*. No será una ética basada en reglas divinas, místicas, sino fundamentada en la razón. Es necesario aclarar que esta *razón* constituyó, para algunos de estos filósofos fundadores, tan solo un camino preparatorio para una meta más elevada: la perfección del alma y el espíritu.

Hasta hoy día, muchos historiadores de la filosofía coinciden en que el pensamiento socrático significa el punto más pleno de la Atenas clásica. Es obligado citar, en este sentido, los reveladores argumentos de Eduardo Nicol. Afirma en su tratado *La idea del hombre* que mientras de otros filósofos debe extraerse el significado existencial de sus ideas por medio de la interpretación que hacemos de las mismas, Sócrates no es propiamente productor de ideas sino que su filosofía es método de vida. Pese a sonar tautológico, el filósofo mexicano declara: *el significado existencial está patente en la propia existencia,* —y continúa aclarándonos que—, *la antigua noción de que la filosofía es vida, y*

19 Platón. *Apología de Sócrates*. Trad. Ivone Saíd Martínez. Grupo Editorial Tomo. Colección Autores Selectos. 2009. Pág. 330.

de que la forma de esta vida consiste en la investigación, adquiere en Sócrates una literalidad biográfica.[20] Es decir, Sócrates nos mostró que el camino es la permanente interrogación, la serie de cuestionamientos interminable y lo ejemplifica al extremo de entregar su vida a Atenas. La vida es de suyo un enigma y la forma de afrontarla como ser humano que aspira a la virtud es a través de la filosofía, vista como método dinámico y constante. Para Sócrates, el sentido de la vida no nada más es hacer sino preguntar, indagar, cuestionar. Para tal efecto, es indispensable seguir el método mayéutico. El ser humano debe interrogar en todo momento, y sobre todo, interrogar sobre sí mismo. La vocación filosófica es la existencia misma. El legado de Sócrates es invaluable pues su vida fue *una obra maestra*.

Platón, por su parte, basa su idea del hombre en su teoría de las ideas. El Hombre se conforma de alma y cuerpo. El alma humana está formada no sólo de razón, sino también de voluntad y concupiscencia. En el diálogo conocido como *Fedro*,[21] Platón crea una alegoría mediante la cual nos propone imaginarnos al alma como un carro movido por una pareja de caballos alados, uno blanco, que tiende a elevarse al mundo de las Ideas, y uno negro, que tiende a bajar al mundo de los sentidos. El auriga será el alma que intentará elevar el carro hacia el cielo. Con esta metáfora, Platón nos manifiesta que el ser humano se debate de forma constante entre las pasiones, los deseos y la razón.

Aristóteles elabora la siguiente analogía: al componerse todas las cosas de forma y materia, en el ser humano esa forma es el alma y esa materia es el cuerpo.[22]

---

20 Eduardo Nicol. *La idea del hombre*. Ed. Fondo de Cultura Económica. 2003. Pág. 383.

21 Platón. Op. Cit. Pág. 424.

22 Aristóteles. *Acerca del alma*. Ed. Gredos. 2003. Pág. 48 y siguientes. Al decir de Tomás Calvo Martínez, en su nota introductoria, el Estagirita, en su estudio sobre el alma, se aleja de cualquier connotación religiosa; su perspectiva es

Su afán clasificatorio hace que coloque al Hombre en la cima jerárquica —el antropocentrismo, José Arturo, apreciables jóvenes, es un problema que aún debemos de solucionar, pero ese es otro tema—. De hecho, piensa el Estagirita que cuanto existe es para la utilidad del ser humano. El concepto más trascendente que nos otorga Aristóteles, para nuestra materia, es que el Hombre es un «animal racional», que posee *logos*, es decir, razón y palabras, y *telos*, es decir, finalidad. Y nombra como principal característica su necesidad de ser *social*.

desde el fenómeno de la vida, es decir, naturalista. Da por sentado la existencia del alma y se dispone a analizar su naturaleza a partir de los esquemas conceptuales de entidad-accidente, materia-forma, potencia-acto. En el tratado mencionado el filósofo llega a la conclusión de que el alma es entidad y entelequia que en potencia tiene vida. «Es necesario que el arte utilice sus instrumentos y el alma utilice su cuerpo». Además de la importancia del texto por brindarnos la brillante exposición aristotélica, resulta interesante aproximarse a las posturas de otros filósofos citados por Aristóteles, como Empédocles, Demócrito, Heráclito o Anaxágoras.

De San Agustín a Karl Marx

Demos un salto largo en la historia. Con la llegada del Cristianismo, el ser humano se concibe como *hijo de Dios*, y obedece a sus elevados designios, aunque se le otorga albedrío.

San Agustín, en sus *Confesiones*, afirma: *¿Quién de los hombres sabe las cosas del hombre sino el espíritu del hombre que está en él?*[23] ¡Frase elocuente! Y, por su parte, Santo Tomás, en esa obra cumbre del pensamiento, la *Suma Teológica*, en su segunda parte, sostiene junto con Aristóteles que el ser humano es un ente complejo en sus virtudes, defectos, pasiones, deseos y normas. Dice el Aquinatense que el ser humano está dotado de la razón que lo distingue de los demás seres animados, y su voluntad lo impulsa a la búsqueda de la verdad. El intelecto es lo que le abre los ojos del alma, y la verdad de las verdades es Dios.[24]

---

23 San Agustín. *Confesiones*. Ed. Lectorum. 2006. Pág. 208.

24 Santo Tomás. *Suma Teológica*. Biblioteca de Autores Cristianos. Madrid. 2001. Págs. 671 y siguientes. Santo Tomás sigue la línea aristotélica concibiendo al hombre como fusión de cuerpo y alma. Todo ser creado, dice el Santo, posee dignidad y eficacia causal. Así, la existencia es la forma plena que asume el ser y el hombre será un punto intermedio entre los animales y los ángeles. Debido al concepto del orden jerárquico, Santo Tomás explica la relación entre Dios y las criaturas, habiendo una proximidad gradual a Dios de lo más perfecto a lo más imperfecto.

A grandes rasgos diremos que el individualismo de la Edad Media —Bacon, Escoto, Occam, et al—, deriva en un movimiento que pone de relieve la figura del hombre: *el Humanismo*.

El Humanismo fue una corriente de pensamiento muy compleja y fue una de las fuentes, si no la principal, de la que se abasteció el Renacimiento. Como sostiene Ernesto Grassi, citado por Ambrosio Velasco en su amplio trabajo titulado precisamente *Humanismo*:

> Este movimiento se caracteriza por un giro radical hacia el estudio del lenguaje más que de las cosas mismas; por el aprecio de la experiencia, de la literatura y de la retórica, más que de una racionalidad pura. Por el reconocimiento de la historicidad del saber frente a las pretensiones de conceptos y modelos universales y la valoración de la prudencia como racionalidad práctica sobre problemas específicos, ante una mera racionalidad teórica o metodológica. También lo caracteriza la preocupación por el descubrimiento, la creación y la innovación (*inventione*), más que por el mero análisis o por la comprobación de lo que ya se conoce. Todo este giro innovador tiene el propósito de transformar al hombre y su entorno social para devolverle la capacidad creadora, la libertad y la dignidad que el ser humano tenía en la Antigüedad griega y latina.[25]

Como podrás apreciar, el *Humanismo Renacentista* es una de esas épocas a las que hice referencia líneas arriba, en cuanto a ponderar el autoconocimiento. Y más que el autoconocimiento, la autoafirmación. Fue una era que privilegió la pedagogía. Se buscaba la plenitud del Hombre. Se priorizaron las artes, la cultura, promovido esto por la revolución tecnológica que implicó el surgimiento del libro. La cultura clásica

---

25 Ambrosio Velasco. *Humanismo*. UNAM. Instituto de Investigaciones Sociales. Págs. 2-3. http://conceptos.sociales.unam.mx/conceptos_final/437trabajo.pdf. Visto el 18/07/2024.

greco-romana —en ocasiones no correctamente interpretada, pero eso es tema para otra disertación—, será el núcleo del movimiento protagonizado por diferentes ciudades italianas, y extendido después al resto de Europa.

Ahora bien, los dos grandes temas en el Renacimiento fueron el ser humano y la naturaleza. Si en un principio mantuvieron un cuidadoso equilibrio, al poco tiempo fue ganando terreno el conocimiento de la naturaleza, gracias a los vertiginosos avances científicos.

Asimismo, el problema del Hombre fue abordado tanto desde la óptica de la fe como desde el punto de vista puramente racional. Debemos mencionar nombres como Francisco Suárez, Diego de Covarrubias, Fernando Vázquez de Menchaca y Francisco de Vitoria —la fértil Segunda Escolástica Española—, y preclaros humanistas como Giannozzo Manetti, Pico della Mirandola, Hugo Grocio y Erasmo de Rotterdam. Obviamente el panorama del pensamiento Renacentista es muy variado y el tema me rebasa para el propósito de estas modestas líneas.

El rumbo del pensamiento moderno será marcado por un jesuita apasionado por el saber y la soledad creativa: René Descartes. Será la época del racionalismo y la preponderancia del método investigativo. Como asevera Francisco Larroyo, Descartes no pregunta por la esencia de las cosas, sino que antepone la interrogante de si la razón humana puede acceder a ellas. En otras palabras, se inaugura una nueva idea de *autoconciencia*.[26] El instrumento para lograr la verdad será la *duda metódica*. Si pienso, luego entonces existo. La aportación del *método* guiará la filosofía del *Siglo de las Luces*.

Luego de la explosión de la física moderna —Galileo, Kepler, Copérnico, Newton—, emerge la filosofía de la *Ilustración*, fenómeno complejo en la historia del pensamiento en

---

26 Francisco Larroyo. *Introducción a la Filosofía de la Cultura*. Ed. Porrúa. 1971. Pág. 407-408.

la que, al decir de muchos especialistas, la metafísica, la introspección, pierden fuerza, ganan espacio las ideas políticas y revolucionarias. Hay un intento por explicar el origen y la estructura de las sociedades, y una necesidad por difundir el conocimiento. Es la época de Diderot, D'Alembert, Voltaire, Montesquieu, Rousseau. Es la era de la Revolución Francesa.

Posteriormente aparecerá el denominado *Idealismo*, corriente filosófica abanderada por Kant. Este filósofo dedicó gran parte de su obra a la tarea autocognitiva, por ejemplo, en su célebre tratado *Crítica de la razón pura*. Transcribo un párrafo en el que se refiere al tema. Dice Kant:

> Es inútil la pretensión de fingir indiferencia ante investigaciones, cuyo objeto no puede ser indiferente a la naturaleza humana. Incluso esos supuestos indiferentistas, por mucho que se esfuercen transformando el lenguaje de la escuela en habla popular, recaen inevitablemente, así que se ponen a pensar en algo, en las afirmaciones metafísicas frente a las cuales ostentaban tanto desprecio. De todas formas, esa indiferencia, que se da en medio de la prosperidad de todas las ciencias y que afecta precisamente a aquéllas cuyos conocimientos —de ser alcanzables por el hombre— serían los últimos a los que éste renunciaría, representa un fenómeno digno de atención y reflexión. Es obvio que tal indiferencia no es efecto de la ligereza, sino del Juicio maduro de una época que no se contenta ya con un saber aparente; es, por una parte, un llamamiento a la razón para que de nuevo emprenda la más difícil de todas sus tareas, a saber, la del autoconocimiento y, por otra, para que instituya un tribunal que garantice sus pretensiones legítimas y que sea capaz de terminar con todas las arrogancias infundadas, no con afirmaciones de autoridad, sino con las leyes eternas e invariables que la razón posee. Semejante tribunal no es otro que la misma Crítica de la razón pura.[27]

---

27 Immanuel Kant. *Crítica de la razón pura*. Trad. Pedro Ribas. Ed. Taurus. 2005. Pág. 45.

Otro de los exponentes del llamado idealismo alemán es Georg Wilhelm Friedrich Hegel, profundo y complejo filósofo que ponderó el tema del autoconocimiento desde una visión profunda. Hegel define al ser como *predicado de lo absoluto.* Esto quiere decir que lo absoluto es el ser. El ser se manifiesta en el pensamiento como la definición más elemental, abstracta y vacía que se puede llegar a conceptualizar. *Ser* significa en el proceso dialéctico, el poder pensarse a sí mismo, la reflexión absoluta de sí, el pensar del pensamiento. El ser no necesita de ninguna otra realidad, dado que el ser es ser en su propio pensamiento una reflexión de su pensar; o si se quiere, la naturaleza de la verdad del ser es el propio ser. Regreso a Francisco Larroyo, y esto es lo que interpreta el connotado maestro sobre la *Fenomenología* hegeliana:

> [...] es preciso mostrar, a manera de introducción en una disciplina, cómo la conciencia se va elevando, en virtud de una necesidad interior, de peldaño en peldaño, hasta el punto de vista filosófico. Hegel llama a estas etapas que recorre la conciencia 'fenómenos', y fenomenología del espíritu a la ciencia que la estudia. La fenomenología del espíritu expone la conciencia en su movimiento continuado, a partir de la oposición inmediata entre ella y el objeto, hasta llegar al saber absoluto. Este camino pasa por todas las formas de la relación entre la conciencia y el objeto, y tiene como resultado el concepto de ciencia. La fenomenología es una historia de la conciencia individual, pero al propio tiempo una historia de la conciencia de la humanidad. El espíritu individual, para no quedar estancado en una contradicción indisoluble, tiene que pasar de la conciencia a la autoconciencia, a la razón, al derecho y a la moral y al arte y a la religión, y finalmente, al conocimiento de sí mismo en su evolución cultural al espíritu absoluto.[28]

28 Francisco Larroyo. Op. Cit. Pág. 507.

No obstante que existían pensadores, como Kant y Hegel —y varios más—, preocupados por los problemas de la autoconciencia, en el siglo XVIII la cultura occidental estaba más enfocada a la lucha por la integración de los estados nacionales y a las cuestiones políticas y económicas. De hecho, el siglo XIX se habrá de llamar *el siglo de la cuestión social.*

Al fallecer Hegel, en 1831, sus seguidores proseguirán marcados por su fuerte influencia, así como también, naturalmente, surgirán otros con pensamiento plenamente independiente. Para efectos de nuestro brevísimo esbozo es necesario citar a Augusto Comte, Friedrich Nietzsche y Karl Marx.

La nueva filosofía estará marcada por la *Revolución Industrial* y el pensamiento derivará en una conciencia histórica que señalará prioridades. La historia de la filosofía, en este siglo, viajará de la mano de la historia de la ciencia.

Comte contribuyó al pensamiento filosófico con un concepto que hasta la fecha resuena en diversos ámbitos: *el positivismo.* Es conocido como el fundador de la sociología y por concebir a la ciencia como el clímax del saber. Por ende, desdeñó cualquier tipo de conocimiento metafísico y llegó a afirmar que la finalidad de las ciencias es el dominio de la naturaleza, cosa que como sabemos, en algunos ámbitos se ha salido de cauce.

Es muy interesante el primer párrafo de la *Genealogía de la moral*, de Friedrich Nietzsche:

> Nosotros los que conocemos somos desconocidos para nosotros, nosotros mismos somos desconocidos para nosotros mismos: esto tiene un buen fundamento. No nos hemos buscado nunca, —¿cómo iba a suceder que un día nos encontrásemos? Con razón se ha dicho: «Donde está vuestro tesoro, allí está vuestro corazón»; nuestro tesoro está allí donde se asientan las colmenas de nuestro conocimiento. Estamos siempre en camino hacia ellas cual animales alados de nacimiento y recolectores de miel del espíritu, nos preocupamos de corazón

> propiamente de una sola cosa —de «llevar a casa» algo. En lo que se refiere, por lo demás, a la vida, a las denominadas «vivencias», —¿quién de nosotros tiene siquiera suficiente seriedad para ellas? ¿O suficiente tiempo? Me temo que en tales asuntos jamás hemos prestado bien atención «al asunto»: ocurre precisamente que no tenemos allí nuestro corazón —¡y ni siquiera nuestro oído![29]

Luego de esta reprimenda que nos pone el enojón señor Nietzsche, le dedicaremos un par de líneas a Marx. Este filósofo alemán no desarrolló una teoría sistematizada en relación al autoconocimiento del hombre; sin embargo, abordó el asunto desde su visión particular. Para él, nuestro rasgo primordial consistía en ser parte de la naturaleza, pero lo que nos diferencia es, por un lado, la creación de herramientas y, por otro, la conciencia que tenemos al diseñarlas. Así pues, para él el ser humano es un ente natural que trabaja. Y más aún: para él, el hombre tiene necesidades, pero ellas son históricas, no naturales. Marx no va a hablar de un hombre en sentido abstracto, de un ser metafísico, ni de un ente colectivo intangible. Él va a hablar de un ser humano concreto situado en determinado periodo de la historia. El ser humano produce y va a ser determinado por esa producción. Así, José Arturo, jóvenes, Marx va a definir al hombre como animal que posee actividad vital consciente y concreta.

---

29 Friedrich Nietzsche. *Genealogía de la Moral*. Trad. Andrés Sánchez Pascual. Alianza Editorial. El libro de bolsillo. 1996. Pág. 17.

Entre Schopenhauer y otros existencialistas

Es inevitable, al seguir, aunque sea en un limitadísimo y endeble bosquejo de la historia de las ideas filosóficas, hacer una parada en uno de los pensadores más atrayentes, en especial para el autoconocimiento: Arthur Schopenhauer, a quien le dedicaremos un par de líneas. Tan es importante para la materia que abordamos, que una de sus frases más trascendentes, contenida en *El mundo como voluntad y representación*, reza, *el mundo es el autoconocimiento de la voluntad*.[30]

Resulta esclarecedor que este filósofo haya estado influenciado por Platón, Kant, y muy especialmente por el pensamiento de la India y el budismo.

Para él, el mundo que conocemos en su representación causal hecha en el tiempo, en el espacio y en las categorías que conocemos, es *mera apariencia* —el velo de *Maya* de la filosofía hindú—. Todo es irreal. Sólo hay algo que no percibimos pero que tiene una evidencia clara: el *yo*. Ese *yo*, el descubrimiento del ser humano sobre sí mismo, se va a mostrar en la voluntad de vivir. Pero lo que podría apuntar a una filosofía optimista, adquiere en la postura de Schopenhauer un sentido totalmente pesimista. La

30 Arthur Schopenhauer. *El mundo como voluntad y representación*. Trad. Pilar López de Santa María. Ed. Trotta. Colección Clásicos de la Cultura. 2009. Pág. 230.

voluntad del ser humano es impulsada por el deseo de evitar el dolor, de ahí que el principio impulsor no sea racional, sino por el contrario, irracional, ciego e irresistible. Para él, la vida es dolor, el placer es la ausencia del dolor, y si este persiste *es mejor no haber nacido*. Sin embargo, la filosofía de Schopenhauer encontrará eco en el siguiente siglo, con *los existencialistas*. Pero antes haremos una visita a otro de los pensadores que se ha interesado de manera frontal en el autoconocimiento: Sigmund Freud.

Como sucede con los filósofos anteriormente mencionados, es imposible describir en pocas líneas la obra de Freud. No obstante procuraré, al menos, una ligera aproximación.

En sentido estricto Freud no fue un filósofo, pero sus aportaciones al autoconocimiento mediante el psicoanálisis revolucionaron la cultura occidental. Alrededor de su imagen hay una serie de prejuicios, el más importante de todos es el que aduce que *todo comportamiento humano gira en torno al sexo*. Freud es mucho más que eso.

Mientras la filosofía de su tiempo se debatía entre materialismos, idealismos y otras complejas especulaciones, Freud puso su atención en las profundidades de la mente buscando soluciones concretas. Incorporó al lenguaje común palabras como *trauma*, *inconsciente*, *libido*, *represión*, *neurosis*, *terapia*, y muchas otras. El mundo no volvería a ser el mismo. Siempre que sale a relucir el tema del afamado psicoanalista me gusta recordar la certera frase de Sabina Berman en su obra de teatro *Feliz nuevo siglo, Doctor Freud*: «La cultura es una casa hecha de ideas y no podemos pensar nada fuera de esa casa. Un genio sin embargo piensa nuevas cosas: agrega una habitación o dos a la casa. Freud agregó todo un sótano: nos descubrió el sótano de nuestra conciencia: el inconsciente».[31]

---

31 Sabina Berman. *Feliz nuevo siglo, Doctor Freud*. Publicado por Universidad Veracruzana. Revista Tramoya. 2001. Versión digital: http://cdigital.uv.mx/bitstream/123456789/4690/2/20016805.pdf. Visto el 20/07/2024.

Freud descubrió que muchas de las enfermedades mentales habituales no conseguían ser superadas por los medios tradicionales de su época, lo que lo condujo a buscar otras alternativas. Así llegó al famoso caso de Ana O. y a partir de ese momento desarrollará su concepto de psicoanálisis. Hay quienes afirman que, en realidad, esta terapia comenzó en 1897 cuando Freud abandona el hipnotismo que había aprendido del célebre neurólogo francés Jean Martin Charcot y dirige sus fuerzas al autoanálisis, es decir, al *autoconocimiento*.[32]

El método terapéutico se da a través de la palabra —mediante la libre asociación de ideas— y del material aportado por los sueños para llegar al inconsciente. Además de ser una terapia, el psicoanálisis es un modo de investigación de los procesos psíquicos y un procedimiento para la investigación de la conducta humana; detrás del comportamiento cultural hay motivaciones subterráneas que únicamente saldrán a la luz mediante la técnica desarrollada por el médico austriaco.

La influencia de Freud se deja sentir hasta nuestros días. Sus ideas produjeron ejércitos de seguidores y detractores. Algunos de sus principales alumnos crearon teorías —disidentes de la de Freud— que aún ejercen poderosa influencia. Baste mencionar a Adolf Adler, Carl C. Jung, Erich Fromm o Jacques Lacan.

El legado de Freud no sólo se remite al ámbito psicológico, sino que repercute en la literatura, el arte en general, y por supuesto en la filosofía. Difícilmente hubiera podido surgir el *Surrealismo* sin sus ideas.

No te desesperes: ya casi llegamos al final de nuestro sumarísimo e imperfecto recuento de referencias históricas al autoconocimiento.

---

32 Sigmund Freud. *Ensayos sobre la sexualidad*. Ed. Sarpe. Colección *Los grandes pensadores*. 1985. Introducción. Págs. 7-21.

Saltándonos a una serie de escuelas y corrientes muy interesantes y profundas —la *filosofía de la vida*, de Bergson, la *filosofía de la cultura*, de Weber, la compleja *fenomenología del espíritu y trascendentalismo*, de Husserl, y muchas otras—, y dadas las características de este humilde trabajo, deberemos tomar un atajo para abordar brevemente otra teoría que nos atañe de frente: el *Existencialismo.*

Luego de un siglo del fallecimiento de Søren Kierkegaard, acaecida en 1855, los ecos de su ideología se empezaron a percibir. A las premisas de este filósofo danés podemos añadir las de Nietzsche y Schopenhauer. Todos ellos fueron retomados y de ahí fue surgiendo la filosofía *existencial.* Tales influencias impregnaron a intelectuales de distintas posturas. Lo que quiero decir con esto es que no hay *un solo existencialismo.* Hay diversas corrientes. Lo que tuvieron en común, al decir de uno de sus máximos representantes, Jean Paul Sartre, es el considerar que *la existencia es anterior a la esencia.* Pero vayamos por partes.

El *Existencialismo* fue el resultado de un ánimo generalizado producto de las dos grandes guerras del siglo XX. Por tal motivo, el telón de fondo será, permanentemente, el sentido de angustia por el hecho de ser. La vida —según esta filosofía— no es un mero tránsito a otro estrato. De ello se sigue que lo cierto, lo innegable, lo verdaderamente importante es la existencia concreta, situada en un tiempo determinado y en condiciones histórico-sociales de hecho.

La existencia es la esencia del ser humano. Esto tiene dos puntos relevantes. El primero es que el hombre no eligió estar aquí. Fue arrojado, «vomitado» a su realidad. —Puede advertirse desde esta explicación preliminar el sentido pesimista y angustioso de esta postura—. La segunda es que, una vez comprendida esta situación y asumida su temporalidad y carácter efímero, el ser tendrá dos opciones: una, evadir esa verdad teniendo una conducta frívola; en caso contrario, deberá afrontar el hecho de ser y procurar realizarse en el tiempo. En otras palabras, si se elige esta segunda opción lo que determinará la existencia será la actividad, el trabajo.

Ahora bien, el ser humano está *'condenado'* a su libertad y su conciencia. Libertad, porque el hombre no fue puesto aquí por nadie ni nada. Conciencia, porque permanentemente nos preguntaremos la razón por la que, en vez de no haber nada, hay algo. Y ese algo es nuestra existencia. Estamos en el mundo, no de manera pasiva, sino de forma activa. Creamos a partir de nuestras posibilidades, de nuestras circunstancias. Somos *nosotros y nuestras circunstancias* —como afirmó Ortega y Gasset—.

Esa labor a realizar está sujeta a un futuro incierto. No sabemos qué es lo que nos espera. Esto nos causa ansiedad. Como puede advertirse, el *Existencialismo* postula que existir es vivir en la angustia. Y para colmo —tal es lo que afirma Sartre— lo que hagamos surge de una falta de finalidad en el mundo. En última instancia las cosas carecen de sentido, lo que nos provoca una *nausea existencial.*

El existencialismo postula que nuestra conciencia nos abruma con una gran carga de responsabilidades, como si se tratara de una enorme roca que debemos cargar diariamente —recordemos el *Mito de Sísifo*, de Camus—, pero también nos reconoce la posibilidad de construirnos a nosotros mismos. Sartre nos dice que no estamos definitivamente condicionados por nuestro pasado. *Somos lo que hacemos con lo que han hecho de nosotros*, sentencia el filósofo francés. No obstante, el ser es un ente perdido en el mundo pero susceptible de tener experiencia, de hacer cosas. El hombre se piensa y piensa el mundo. Es el único ser que puede tener conciencia de su existencia. Pero al pensar en ello, al reparar en su existencia desnuda y brutal, sentirá repugnancia. Así dice Sartre, conste.

Como hemos afirmado líneas arriba, esta corriente filosófica tiene diversas vertientes, como lo pueden ser el existencialismo ateo, el religioso o el neutro. Sus principales expositores son Sartre, Heidegger, Ortega y Gasset, Camus. Además podemos citar a Simone de Beauvoir, Gabriel Marcel y Carl Jaspers. El movimiento tuvo una estrecha relación con la literatura. Se produjeron obras de teatro y novelas existencialistas, como las obras de Sartre, Camus, Franz Kafka, Knut Hamsun, o Miguel de Unamuno.[33]

El *Existencialismo* ha sido tildado de superficial, frívolo, con visión restringida. Se ha dicho de Sartre que su caso ha sido engañoso, al ser señalado como *filósofo del futuro* y ser en realidad un pensador egoísta y burgués. Esa es la opinión de Erich Fromm, entre otros. Por su parte la imagen de Heidegger jamás ha podido despojarse de ciertos estigmas políticos. Sin embargo, debemos reconocerle su afán de revisión del autoconocimiento y el énfasis que hace de la importancia de la existencia individual enmarcada en el *aquí* y el *ahora*.

Un par de palabras sobre el *Estructuralismo*. Mediante las estructuras, el ser humano existe socialmente. Gracias a ellas —y no a las «funciones»— existe nuestra Cultura. Para esta corriente *lo importante en el ajedrez son las reglas, no las piezas*.

Los principios del *Estructuralismo* son: a) Primacía de la actividad del espíritu respecto del contenido de los conceptos; b) Análisis de las conductas espontáneas de la vida humana como principal materia de estudio; c) Énfasis de los aspectos formales y permanentes de la conciencia —relaciones entre sus elementos— por sobre los temporales e históricos; d) Establecimiento

33 Francisco Larroyo. Op. Cit. Págs. 645-668. Nota especial amerita la *novela existencial*, que produjo materiales valiosos como *La Náusea*, de Sartre; *El extranjero*, de Camus; *Niebla*, de Unamuno. Hay quienes afirman que los ecos de este tipo de novelas se extienden hasta las obras de Juan Carlos Onetti y Ernesto Sábato.

de clasificaciones de los resultados bajo modelos matemáticos de organización.[34]

El *Estructuralismo* es un método de trabajo adaptado, en especial, a las ciencias sociales. Su campo ha sido sobre todo los estudios antropológicos —mitos, símbolos, lingüística, etnografía—. A esta corriente pertenecen Claude Lévi-Strauss, Jacques Lacan, Louis Althusser y Michel Foucault. Por ejemplo, para este último, el problema del Hombre no era el más importante ni el más antiguo en el saber humano —como asevera en su libro *Las palabras y las cosas*—. Incluso dice que el concepto de Hombre es inventado y tiende a desaparecer en la escala de conocimientos.

En épocas más o menos recientes cobra relevancia el llamado *Posmodernismo*, el cual pone en tela de juicio cualquier teoría del conocimiento. Su sello es la relativización, la imposibilidad de llegar a algún tipo de verdad y eso se da en filosofía, en ciencia, en moral, en ética. Nunca puede alcanzarse una definición clara, un significado. Este recio escepticismo fue diluyéndose o por lo menos matizándose en alguno de sus representantes, sobre todo a la luz de la defensa de situaciones incuestionables como la defensa de los derechos humanos. Dentro de la *Filosofía Posmoderna* podríamos nombrar de nuevo a Michel Foucault, a Jean François Lyotard, a Jacques Derrida.

En los años que corren —y posiblemente originado desde las dos grandes guerras—, se construye una corriente denominada *Poshumanismo,* con varias declinaciones, que busca la superación del humanismo mediante el cuestionamiento del concepto de ser humano bajo los contextos históricos y culturales actuales; el humano, presa de su vulnerabilidad, debe quedar atrás para dar paso a un nuevo ser producto de la imbricación de humanidad, biotecnología, cibernética,

34 Id. Págs. 684-688.

y conocimientos científicos afines. El resultado será, entre otros, el desplazamiento de la mente por el ordenador; es decir, el advenimiento del *cyborg*. A mi humilde modo de ver el problema del autoconocimiento continuará vigente, sólo que ahora, con un chip incrustado en la cabeza y el riesgo permanente de que se nos caiga el sistema. Si deseas conocer esta postura, así como el transhumanismo, será necesario comenzar por Peter Sloterdijk.

Lo expuesto hasta aquí, querido José Arturo, es sólo un recuento escueto, sucinto, restringido e imperfecto de corrientes filosóficas que se han enfocado de manera frontal en el tema del autoconocimiento y se origina en mi humilde admiración por todos estos grandes pensadores. Es necesario aclarar que, de una u otra manera, todo quehacer filosófico implica adentrarse en las vías de la conciencia del ser. Sin embargo, no siempre se ha hecho con el propósito deliberado de investigar y promover la vinculación del ser humano consigo mismo.

Un poema y una conclusión preliminar

Creo que viene muy a propósito un excelente poema de Eduardo Casar, escritor mexicano contemporáneo nuestro. El poema habla, precisamente, del deseo de entrar en contacto consigo mismo.

ÉTICA A NICÓMACO

Cómo me gustaría ser como yo
Tener el tiempo que yo tengo
para salir a caminar cuando yo quiera,
para leer lo que le venga en gana
a mi gana más íntima y soltera;
interrumpir sin que nadie se asfixie
cualquier obligación etiquetada;
para estar en pleno uso de la soberanía
de ir a pie por las calles,
descubriendo raíces que aparecen
quebrantando las reglas del asfalto.
Cómo me gustaría, de veras,
dedicarme una noche a platicar conmigo,
cada quien con su trago,

discutir, discrepar, desentonarse,
hasta que el pobre espejo
se quedara dormido
con el rostro apoyado sobre el azogue opaco.
Cómo me gustaría que a los dos
nos gustara la misma
y que uno tuviera
que ceder y cediera
por desatarle al otro las dos manos.
Cómo me gustaría
que yo y que yo
fuéramos tan amigos.[35]

Como conclusión a este pasaje, podríamos afirmar algo temerario: existe la idea generalizada de que el autoconocimiento ha sido, fundamentalmente y de modo disciplinado, materia de la religión o la psicología, y de forma decreciente de la filosofía. También se dice que la literatura motivacional se enfrenta a esa problemática dejando de lado el rigor científico. En caso de ser ciertas ambas suposiciones, José Arturo, jóvenes, creo que sería necesario promover con mayor vigor la introspección metódica, la autoconciencia y el planteamiento sistemático en nuestra vida cotidiana de esta pregunta medular: quién soy.

---

35 Eduardo Casar. *Ontología personal*. Consejo Nacional para la Cultura y las Artes. Dirección General de Publicaciones. 2008. Pág. 67.

Y después de todo… ¿quién soy?

Insisto: se ha llegado a decir que el hombre ha preferido poner manos a la obra en la construcción de una idea equivocada de progreso en vez de responder a la pregunta primordial de quién es en realidad.

Querido José Arturo, estimados jóvenes, propongo ahondar en este apasionante y enriquecedor tema. Para ayudarnos en este sinuoso trayecto acudiremos de nuevo al metódico trabajo de Agustín de la Herrán, *El autoconocimiento como eje de la formación*, y por supuesto, a otros trabajos que iremos mencionando.

El término conciencia proviene del latín *conscientia*, vocablo formado por *cum*, con, y *scientia*, saber. Luego entonces, significa «con conocimiento», hacer, realizar, desarrollar, pensar… *con conocimiento*. Próxima a esta palabra se encuentra otra, formalmente muy parecida y que con frecuencia es motivo de confusiones: *consciencia*, término asociado al conocimiento que un ser tiene de sí mismo. En otros idiomas, por ejemplo el inglés, ambos términos se corresponden con sendas palabras, muy distintas desde un punto de vista formal: a saber *consciousness* por consciencia, y *conscience* por conciencia.

¿Para qué nos sirve la conciencia —como quiera que ésta se escriba—, en el sentido de saber quiénes somos, *quién soy yo*?

En otras palabras, ¿ejercemos con frecuencia la función potestativa de la conciencia? ¿Ha habido épocas en que el ser humano común y corriente pensó más y mejor sobre sí mismo? ¿En verdad hemos dejado de hacerlo, o no lo hacemos con la intensidad de otras épocas? ¿Cómo se realiza esa actividad y, en su caso, cómo se puede potenciar?

Insistiré en hacer la diferenciación entre la pregunta global *quiénes somos*, que mueve a respuestas abarcadoras de la totalidad o un grupo de seres humanos, y la cuestión más próxima e íntima de *quién soy yo*. Aunque ambas estén conectadas en última instancia, para efectos de este pasaje es conveniente aclarar su especificidad.

La autoconciencia o autoconocimiento —nos propone De la Herrán— es el eje de mi ser, de lo que soy-yo-en-movimiento, del factor primordial de mi ser que tiene como función valorar lo que considera mejor para sí mismo. Existen actividades necesarias como el proveernos de información, o comunicarnos, o investigar, o buscar la innovación dentro de nuestras labores cotidianas. Empero, en el núcleo de esa vorágine de actos está la conciencia como brújula para orientarnos sobre lo que creemos correcto. Esa conciencia trabaja con base en la autocrítica, el diálogo interno, la introspección, la valoración de hechos y factores. Tomamos parámetros aprendidos o intuidos. A lo largo de los años sentimos crecer en nuestro interior un criterio —*soberanía íntima*— que nos hace afianzarnos en el mar como tabla de salvación. Aprendemos a discernir lo que es bueno, lo que es malo, lo que es útil, lo que no lo es, lo que es virtuoso, lo que carece de tal cualidad.

Sin embargo, el accionar del criterio no es uniforme, lineal, ni está exento de obstáculos. De hecho, nuestras decisiones diarias, por pequeñas que sean, se ven expuestas a laberínticos sondeos íntimos en cuya resolución participan innumerables factores. Es como ir adentrándonos en una enorme mansión buscando la puerta correcta y el trayecto está plagado de velos, neblina y falsas señales.

¿Y cuáles son esas sirenas que nos cantan a la mitad del viaje en alta mar? La respuesta parecería obvia: nos obnubila la información que hay en torno a lo que requiere nuestra decisión, y que por lo general consideramos que es o bien abundante, o bien escasa, o quizás poco clara y en muchas ocasiones contradictoria. Raras veces nos paramos frente a una disyuntiva cuya solución nos suena diáfana, y cuando así sucede nos sentimos seguros y solventes.

Pero lo frecuente es enfrentarnos a la indecisión debido a valores que debemos aquilatar —a veces con detenimiento, en otras ocasiones sin reparar atentamente en ellos—. Al tenerlos delante nos parecen más o menos dignos de observación.

Por lo general esos valores que ponderamos provienen del mundo externo, sea porque los hemos adquirido a lo largo de nuestra educación, o porque se nos reflejan en modelos sociales, o porque los hemos visto en esa apabullante fuente de información que son los medios masivos de comunicación.

En otras palabras, muchas veces, al tener que elegir, hacemos un balance de valores —o pseudo-valores— que nos son impuestos por los diversos círculos en los que nos desenvolvemos. Sin tamizar, sin discernir, adquirimos modelos de conducta, de acción o de decisión que tendemos a reproducir de modo casi automático. Y lo que se va quedando en un sitio subyacente es, paulatinamente, nuestra autenticidad. Lo que de verdad queríamos, anhelábamos, deseábamos con el corazón aún limpio, fue un lejano *Rosebud* —nuestra infancia perdida, nuestra adolescencia olvidada, nuestra integridad—. Las cosas se van agravando en la medida en que la propia sociedad deja de cultivar la sana disciplina de la búsqueda del *ser* y se priorizan otros verbos como el *tener* o el *parecer* o el *aparentar*.

Es verdad que la tarea de la interiorización requiere doble o triple esfuerzo, mayor dedicación, sensibilidad aguda, cuestionamiento constante y criterio veraz. Además, el entorno que nos circunda nos va presionando a ceñirnos a patrones de conducta comunes y nosotros mismos nos adormecemos y dejamos de tomar sólidas determinaciones. Claro, si las cosas fueran fáciles... Pero es trascendente saber que hay un camino valiente y creativo que, aunque arduo, es impostergable seguir.

La dificultad estriba, fundamentalmente, en que no queremos estar solos. Tememos a la soledad. Causa pánico vernos en el espejo del poema arriba citado. Es demasiada responsabilidad conocernos a nosotros mismos. «En una de esas y descubrimos qué es lo que verdaderamente deseamos». ¡Qué riesgo! Y para no sentirnos tan mal, encubrimos el auténtico proceso de autoconocimiento con sucedáneos menos invasivos: meditaciones triviales, conversaciones con nuestro perro o con nosotros mismos en el interior del auto, justificaciones y pretextos de almohada. Todo ello siempre enmarcado dentro de los estereotipos a los que nos tenemos que ajustar.

Solemos evadir lo que somos encadenándonos a responsabilidades externas para eludir el encararnos con nosotros mismos. A partir de ello, manejamos un sinnúmero de argumentos que nos vienen como anillo al dedo. «No puedo hacerlo porque mi familia es primero». «Mi mamá no me deja». «Mi novio requiere toda mi atención». «Tengo que pasear al perro y Sultán depende mucho de mí». «Tengo que cuidar a mis padres». «Es que no puedo dejar ese trabajo»... Sólo por poner algunos ejemplos de los miles que hay. Y —entiéndase claramente— no es que debamos renunciar a nuestro círculo próximo para conocernos. La familia, el empleo, las amistades, tienen su lugar, que es relevante. Pero lo que solemos hacer es mirar por el periscopio poniendo cierta atención en derredor, en lugar de concentrarnos de veras en lo que hay dentro del submarino y hacia dónde lo queremos dirigir.

El problema de no afrontar el autoconocimiento comienza a manifestarse con esas pequeñas incomodidades que sentimos sin una razón aparente y que van derivando, con los años, en constantes estados de depresión, inestabilidades emocionales, estallidos de rabia incontenibles, prácticas evasivas de nuestra realidad, y recónditas y soterradas nostalgias por nuestros sueños truncados.

En nuestro descargo podemos balbucear la hipótesis de que, quienes debieron enseñarnos algún método de introspección tampoco tenían mucha idea de que aconsejarnos; ni siquiera sabían qué hacer con su propia identidad. Por eso, insisto, es indispensable poner manos a la obra en conjunto y convertir el arte de conocerse en materia primordial de nuestros sistemas de enseñanza, en disciplina promovida en el seno familiar y en el círculo de amistades, en tema de conversación en el entorno laboral. Recuerda esto, José Arturo: *Conocerme mejor es la vía idónea para fabricarme una vida artística.*

Tal vez intuyas que el ejercicio del autoconocimiento tiene algo de rebeldía. Y tienes razón. Una persona que se conoce tomará decisiones que estarán muchas veces lejos de complacer a los demás. Pero serán suyas. Se necesitará una buena dosis de determinación y de criterio para afrontar las resoluciones. Una esposa que decide seguir estudiando una carrera universitaria; un hijo que revela a sus padres su preferencia sexual; un joven que posterga casarse para poder viajar por el mundo; una empleada que deja su trabajo en la urbe porque anhela vivir en la playa; un funcionario bancario que quiere combinar su profesión con la de actor de teatro sin temer que sus compañeros lo tachen de ridículo; una mujer que decide por lo pronto no tener hijos porque prefiere estudiar, y muchos más etcéteras…

Se trata de despojarse de lugares comunes, de estereotipos, de roles preestablecidos. Hace falta perspicacia para advertirlos. A veces tienen una apariencia seductora pero sólo envuelven un material que puede ser amargo. Se cuelan sigilosamente en nuestras vidas. Pueden convertirse en decisiones que nos modifican el rumbo para navegar hacia sitios que no queríamos.

Una observación: es necesario diferenciar entre una real labor de búsqueda introspectiva y otro tipo de actividades que tal vez no proporcionen resultados benéficos por falta de eficacia o eficiencia.

El simple hecho de aislarse no acarrea consigo el principio de indagación interior. O abstraerse escuchando música. O realizar reiterados retiros a la naturaleza. Estas actividades y otras análogas, no obstante que son atmósferas idóneas para la exploración de nuestro ser, no provocan por sí mismas que nos encarrilemos correctamente hacia esa finalidad.

Debo aclararte que, desde mi perspectiva, la construcción de la propia identidad no es un trabajo que se realiza una sola vez y para siempre. Me temo que no será así. Es una tarea permanente, evolutiva, perenne. Y lo que podría considerarse como un inconveniente es, por el contrario, su máximo atractivo. Cada vez nos podemos descubrir nuevas e insospechadas facetas que nos ayudan a reinventarnos constantemente. A diario podemos sabernos más profundos, como un pozo de agua cuyo material es inagotable. Eso sí —he de insistir—, el autoconocimiento es la premisa básica, fundamental, primaria, para poder procurarnos una vida creativa.

Existen varios aspectos en los que incide la construcción de lo que queremos y debemos ser. Una idea más positiva del *yo*, haciéndonos sentir orgullo por nuestra persona. Nos da la firme posibilidad de fincar un proyecto de vida que nos convenza, nos comprometa, nos apasione. Nos brinda un sitio digno y privilegiado en las relaciones interpersonales, alejando el riesgo de que los demás nos cosifiquen. Permite que elaboremos una escala de valores y prioridades que perseguiremos con lealtad. Nos otorga una oportunidad que no debemos postergar: *hacer de nuestra vida una obra maestra.*

Una sencilla operación lógica nos dicta «si sé quién soy, puedo saber qué es lo que quiero». Este razonamiento aparentemente elemental es de una complejidad inusitada. La frase bien podría aparecer cincelada en el mármol de las preguntas esenciales de la vida. La naturaleza de la existencia y su sentido, el significado de todas las cosas, quiénes somos y qué hacemos en la vida, han sido las cuestiones primordiales que han movido a reflexión tanto a mentes agudas y célebres como al más común de los humanos.

La interrogante básica sobre *quién soy* posee un rasgo que la hace muy difícil de responder: se considera que es una pregunta imprecisa, vaga, indeterminable. *Quién soy en qué momento, en qué aspecto, bajo qué circunstancias, en comparación con quiénes.*

Además, se le cataloga como una cuestión que, debido a la dinámica de la vida, nos persuadimos de que se tiene qué posponer. Se piensa que otras épocas fueron más adecuadas para planearse la situación y, por ende, es una interrogante un poco pueril. Indudablemente hay muchas personas que opinan que, antes que contestar esa pregunta, hay otras cosas más graves que atacar, como saber de qué voy a vivir, cómo puedo ganar más dinero, qué tan grande será mi casa, qué opiniones debo causar en los demás.

Aunque parezca tarea casi imposible, José Arturo, muchachas y muchachos, podríamos intentar concebir el autoconocimiento como la indagación constante sobre cuestiones esenciales como qué siento, en cuáles valores creo, qué sueños tengo y quiero alcanzar, cuáles son mis formas y métodos de razonamiento, cómo pienso, qué me mueve a actuar, qué concepto tengo de mí mismo y qué debo hacer para mejorar. Cabe resaltar de nuevo que se trata de un concepto dinámico, no estático. Es una película, no una fotografía. Eso no quita que podamos tener rasgos constantes pero, insisto, estamos sujetos al cambio.

Cuidado con las mentiras

De lo antes dicho podríamos deducir que el principal enemigo del autoconocimiento es el autoengaño. Eso mecanismo de falsificación de nuestra identidad puede darse bajo la influencia de pensamientos producidos por *emociones* y *sentimientos* que no nos permiten ver con nitidez.

Sumamente perniciosas acostumbran a ser la depresión, la melancolía, la tristeza, el odio, la cólera, la ira, el rencor, el remordimiento, la culpa, el egoísmo, la avaricia, la soberbia, el miedo, aunque también podrían cegarnos sentimientos tenidos presuntamente positivos como una desmesurada euforia o un ciego optimismo. Bajo estos influjos resultaría imposible indagar quiénes somos. La construcción de nuestro ser tiene como presupuesto ineludible el hacerlo bajo la observancia de dos factores: la autoestima y el máximo de objetividad posible.

Aclarando términos, hay quienes dividen el autoconocimiento en tres partes igualmente importantes: la mencionada *autoestima*, la *identidad*, y la *construcción de lo que somos*. La memoria juega un papel importante en la medida en que debemos registrar lo que hemos sido, a fin de realizar permanentemente un ejercicio comparativo del que desearemos salir mejorados. Igualmente la prospectiva *—ver el futuro en tiempo* *presente—* es de vital importancia, pues nos ayuda a vislumbrar lo que queremos ser, el sitio al que anhelamos llegar, el plan a desarrollar sobre nosotros mismos.

Estos elementos nos ayudan a intentar una respuesta en terrenos que desde el inicio de los tiempos han sido catalogados como fangosos, difíciles de transitar. En otras palabras, ante un camino tan empedrado lo que nos puede auxiliar es *el método*. Mi propuesta es que, haciendo correcto uso de un sistema de trabajo sobre nosotros mismos, podremos tener resultados más gratificantes.

Otro elemento que te recomiendo observar es uno que, por lo general, intentamos barrer y colocar como el polvo debajo de la alfombra. Me refiero a nuestros errores. Lo que llamamos de forma despectiva *errores*, o *fracasos*, o *fallas*, en lugar de negarles su existencia, ignorarlos cuando incurrimos en ellos, o atribuir a otros la responsabilidad que tenemos, pueden ser motivo de evolución y afianzamiento de nuestra identidad, si es que trabajamos con creatividad.

Por supuesto, y que quede bien claro, que no estoy promoviendo el cometer errores a diestra y siniestra. Eso sería absurdo. Lo ideal es prevenirlos. Pero si hay una constante en nuestras vidas, esa es la comisión del error. Estamos expuestos a fallar de forma más frecuente de lo que quisiéramos. Así que debemos entenderlos de manera inteligente para convertirlos en parte integrante de nuestra estrategia de crecimiento personal. Podemos aprender de nuestros fracasos no porque de forma natural ellos *nos enseñen* sino porque nosotros propiciamos en nuestro interior las condiciones fértiles para convertirlos en material de desarrollo personal. Nuestros principales avances se dan en épocas de crisis, y estas surgen, con gran intensidad, al momento que cometemos errores. De nosotros depende obtener dividendos.

Se ha definido al error como la diferencia entre la expectativa creada y lo realmente realizado. Podría decirse que interviene un elemento objetivo —una materialización equivocada— y uno subjetivo —la apreciación negativa de la conducta empleada—. Se espera de mí que haga algo y no logro hacerlo como se debiera. He fallado. Merezco un reproche por parte de los que me rodean e, internamente, mi imagen se devalúa ante mis propios ojos.

(Hagamos aquí un brevísimo paréntesis para subrayar que, en ocasiones, pueden existir errores afortunados, serendipias, hallazgos providenciales o descubrimientos casuales. Eso es tema para otra disertación: *la suerte es de quien la busca*).

Por supuesto que puede haber una escala gradual sobre la gravedad de nuestras fallas. Desde las faltas más o menos insulsas hasta las que requieren todo nuestro esfuerzo, a veces en años, para su reparación. Aún y con eso, todas ellas pueden ser factor de cimentación y afianzamiento de nuestra personalidad.

Para realizar ese cambio de visión, esa trasmutación de una lastimosa derrota en una preciada victoria es indispensable saber reponerse de la tristeza y la autodevaluación. Se dice por ahí que el fracaso no es una forma de vida sino una elección. Hay algo de cierto en ello. Bien vistos... los errores nos fortalecen, nos educan y clarifican nuestro camino. A la larga, querido José Arturo, amables jóvenes, *nuestra fuerza está en nuestras debilidades.*

Esto tiene una poderosa razón de ser. Somos en la medida que hacemos. Algunos espíritus son más dados a la especulación, a la reflexión. Otros propenden más a la imaginación, a la creación de mundos alternos. Sin embargo, unos y otros concretan su existencia mediante la acción. Nos definen nuestros pensamientos y nuestras concreciones. Y la acción siempre caminará por el filo del acierto-error. Lo ideal es que, luego de una derrota, y pasado el tiempo del duelo íntimo y la más humana de las lamentaciones, restañemos heridas, realicemos estrategias mentales, modifiquemos conductas, e identifiquemos de nueva cuenta quiénes somos, qué queremos y pongamos manos a la obra. Con lo dicho podemos arribar a una inveterada hipótesis de trabajo: *nuestro ser se forja en la adversidad.*

Los problemas, las situaciones por las que inevitablemente atravesamos, las derrotas, los triunfos con sus beneficios reales y sus oropeles aleatorios, todas estas cosas por sí mismas no nos elevan ni nos hunden. Sencillamente, bien analizadas, están ahí para mostrarnos nuestro verdadero corazón.

No sería justo atravesar por la vida sin saber quién realmente habitó nuestro cuerpo, quién se relacionó con los demás, quién hizo las cosas que hizo. *Conocerse es realizarse.* Y esta actividad, querido hijo, estimados jovencitos y jovencitas, puede revestir un cariz artístico. Podemos y debemos hacer del nuestro, un corazón creativo.

Un mito de Oaxaca

Propongo, José Arturo, jóvenes lectores, hacer otra breve pausa en el camino para presentar una historia acerca de las terribles consecuencias de la soberbia y el no advertir oportunamente que estamos cometiendo un error.

LA LEYENDA DEL MURCIÉLAGO
Historia proveniente de Oaxaca

Cuenta la leyenda que el murciélago hace mucho tiempo fue el ave más hermosa de la Creación.

El murciélago al principio era tal y como lo conocemos hoy, y se llamaba biguidibela (*biguidi* = mariposa y *bela* = carne. El nombre quería decir algo así como «mariposa desnuda»).

Un día de mucho frío subió al cielo y le pidió plumas al Creador, como había visto en otros animales que volaban. Pero el Creador no tenía plumas, así que le recomendó bajar de nuevo a la tierra y pedir una pluma a cada ave. Y así lo hizo el murciélago, eso sí, recurriendo solamente a las aves con plumas más vistosas y de más colores.

Cuando acabó su recorrido, el murciélago se había hecho con un gran número de plumas que envolvían su cuerpo.

Consciente de su belleza, volaba y volaba mostrándola orgulloso a todos los pájaros, que paraban su vuelo para admirarle. Agitaba sus alas ahora emplumadas, aleteando feliz y con cierto aire de prepotencia. Una vez, como un eco de su vuelo, creó el arco iris. Era todo belleza.

Pero era tanto su orgullo que la soberbia lo transformó en un ser cada vez más ofensivo con las otras aves.

Con su continuo pavoneo, hacía sentirse chiquitos a cuantos estaban a su lado, sin importarle las cualidades que ellos tuvieran. Hasta al colibrí le reprochaba no llegar a ser dueño de una décima parte de su belleza.

Cuando el Creador vio que el murciélago no se contentaba con disfrutar de sus nuevas plumas, sino que las usaba para humillar a los demás, le pidió que subiera al cielo, donde también se pavoneó y aleteó feliz. Aleteó y aleteó mientras sus plumas se desprendían una a una, descubriéndose de nuevo desnudo como al principio.

Durante todo el día llovieron plumas del cielo, y desde entonces nuestro murciélago ha permanecido desnudo, retirándose a vivir en cuevas y olvidando su sentido de la vista para no tener que recordar todos los colores que una vez tuvo y perdió.[36]

---

36 Anónimo. *La leyenda del murciélago*. Tomada de: https://leyendascortas.com.mx/leyenda-del-murcielago/. Vista el 21/07/2024.

Vías para el autoconocimiento

En su artículo *El autoconocimiento como condición para construir una personalidad moral y autónoma,* Montserrat Payá[37], profesora de pedagogía de la Universidad de Barcelona, advierte que hay tres áreas temáticas del autoconocimiento: el *autodescubrimiento*, la *autoposición* frente a las relaciones interpersonales, y la *autocolocación* ante la realidad macrosocial.

En este sentido, *autodescubrimiento* significará la toma de conciencia de nuestros sentimientos, gustos, fobias, filias, preocupaciones, anhelos, sueños, etcétera. Podemos intuir que, como afirmamos en líneas anteriores, esta labor es inagotable y evoluciona constantemente.

Mediante la *autoposición* en las relaciones interpersonales encontramos un sitio conveniente a través del cual fijemos nuestras convicciones en relación con los grupos que influyen directamente en nuestras vidas, como son la familia, las amistades, el entorno laboral; es decir, todas aquellas personas que nos son importantes y cercanas. Gracias a un correcto trabajo de autoconocimiento podemos ir identificando, en la dinámica

37 Montserrat Payá. *El autoconocimiento como condición para construir una personalidad moral y autónoma.* Universidad de Barcelona. Revista Comunicación, Lenguaje y Educación, 15. 1992. Págs. 69-76.

diaria, la forma en que nos relacionamos con ellos y las cosas que debemos ir corrigiendo. No hay que olvidar que ante cada ambiente desempeñamos roles particulares.

La *autocolocación* en el ámbito macrosocial nos hace ubicarnos en una realidad circundante que nos exige asumir principios, valores, opiniones, posturas conductuales que oscilarán desde la participación activa hasta la abstención indolente. No hay que olvidar que somos en sociedad y, por lo tanto, la base de un correcto desarrollo personal partirá del hecho de encontrar nuestro sitio adecuado en los diferentes círculos en los que nos desenvolvemos sin tener que restringir u ocultar nuestras ideas.

Esos tres conceptos o dimensiones de nuestra identidad son sumamente orientadores. Significan, por sí mismos, que se puede trabajar de forma sistemática, específica y diferenciada en nuestro propio perfil. *Cómo me veo a mí mismo, cómo me ven los demás, qué espera de mí la sociedad, qué le puedo dar*, y demás preguntas análogas.

Como hemos comentado, la información que irá dibujando lo que somos provendrá tanto de nuestro interior —por medio de la introspección o incluso la meditación— y del exterior, del análisis de mi conducta en relación con mis circunstancias.

Ya que he mencionado la meditación, es necesario dedicarle un par de líneas.

Muchas personas hacen de esta práctica un hábito buscando el máximo de bienestar. Otras tantas jamás han sido adentradas a sus técnicas y tal vez no tienen visos de hacerlo. ¿Por ello estarán descartadas para encontrarse a sí mismas? ¿Es la meditación el único camino introspectivo? Veamos de qué se trata.

La meditación, en un sentido general, es un ejercicio mental cuyo objetivo es llevar a la conciencia a un estado óptimo de concentración y espiritualidad.

Parte de técnicas que incluyen, como elementos fundamentales, la respiración y la relajación corporal y mental. Implica un esfuerzo de control y regulación interior. A la luz de la ciencia, sus impulsores argumentan que por medio de la meditación se puede acceder a estados supra-conscientes.

Como dice Matthieu Ricard en su libro *El arte de la meditación:*

> Los beneficios que se derivan de veinte minutos de meditación diaria practicada de seis a ocho semanas son: disminución de la ansiedad y de la vulnerabilidad al dolor; descenso de la tendencia a la depresión y a la ira, y fortalecimiento de la atención, del sistema inmunitario y del bienestar general. Así pues, mirada desde cualquier ángulo —el de la transformación personal, el del desarrollo del amor altruista o el de la salud física—, la meditación constituye un factor esencial si se quiere tener una vida equilibrada y rica en cuanto a su sentido.[38]

Es importante aclarar que la meditación está presente en todas las religiones, pero de suyo no es una práctica religiosa. Es una vía de conexión con el yo interno. A lo largo de los años hemos asociado este término al budismo. De hecho, y siguiendo las ideas de Ricard, según la etimología, las palabras sánscritas y tibetanas traducidas al español como «meditación», son, respectivamente, *bhavana*, que significa «cultivar», y *gom*, que significa «familiarizarse». Se trata, pues, de familiarizarse con una visión clara y justa de las cosas, *y de cultivar cualidades que, aunque todos nosotros poseemos en nuestro interior, se mantienen en estado latente mientras no hagamos el esfuerzo de desarrollarlas.* Las cualidades que se buscan son la indagación

---

38 Matthieu Ricard. *El arte de la meditación*. Trad. Francisco J. Ramos Mena. Ed. Urano. 2009. Págs. 7-8.

interior, la evolución espiritual y el hallazgo de un lugar activo y positivo en nuestro contexto.

Entre sus ventajas se cuentan el mejoramiento de la salud a través de estados mentales, disminución del estrés y de las emociones y sentimientos negativos, y en última instancia, el adentrarse en el funcionamiento del espíritu.

En relación a esto último, diremos que el budismo concibe al espíritu, no como un ente, sino como un flujo continuo de vivencias y vibraciones en perpetua acción y reacción. Si el espíritu está vibrando de manera negativa debido a depresiones, preocupaciones, molestias o confusiones, se le puede aplacar y guiar por medio de la meditación, eliminando la obsesión por el *yo* para así encontrar claridad, calma, concentración y equilibrio emocional.

Además, las filosofías budistas —según entiendo hay varias— nos aclaran que controlar los pensamientos no significa bloquearlos intentando eliminarlos casi por la fuerza. En realidad, lo que se busca es aceptarlos como algo natural e ir procurando que se vayan difuminando, disolviendo por sí mismos. Lo que también se enfatiza es la labor de contemplación y transformación interior. Con la meditación, se nos dice, alcanzaremos un óptimo autoconocimiento y, por lo tanto, la felicidad.

Me detengo en estos dos últimos conceptos. *Contemplación* y *transformación interior*. Ahora te digo por qué.

Hasta donde entiendo, para meditar tal y como se nos aconseja hace falta un guía, un sitio especial, un correcto relajamiento y un procedimiento. En ocasiones se recomiendan palabras clave y, eso sí, la respiración es esencial.

Seamos francos: no todos tenemos acceso a esas prácticas. Los factores pueden ser diversos. Para unos la disciplina de la meditación no resulta atractiva; otros no tienen ni tendrán acceso a algún tipo de guía; para un sector de nuestra población le resulta difícil compaginar la meditación budista y sus originales creencias religiosas. En fin, pueden existir muchos motivos por los que esta disciplina nos es ajena o difícil de practicar.

¿Es la meditación la única vía que tenemos para llegar a esos estados elevados de espiritualidad, concentración y hallazgo? Hay otros caminos igualmente efectivos. Son modelos conocidos con otros nombres pero que, en el fondo, pueden tener la misma finalidad. Uno de ellos es *la plegaria.*

Esto nos dice Neville Goddard respecto de la oración: *La plegaria es un arte y requiere práctica. El primer requisito es una imaginación controlada. Pompa y vanas repeticiones son extrañas a la plegaria. Su ejercicio requiere tranquilidad y paz mental. La esencia de la plegaria es la fe; pero la fe debe ser permeada con entendimiento para darle esa cualidad activa que no posee por si sola. Por eso logra sabiduría; y con todo tu poder logra entendimiento.*[39]

Es así como, por medio de la oración, imbuida de entendimiento, se podrían alcanzar niveles de autoconocimiento, siempre y cuando el enfoque tenga esa finalidad. Aunque parezca innecesario, se debe remarcar que estamos hablando de medios, vías de acceso, recursos para emprender ese viaje difícil, permanente y fascinante, que es el comprender quienes somos.

Otra alternativa, poco explorada, es la *autohipnosis.* Como nos dice Henry Leo Bolduc en su libro titulado *Autohipnosis, creando tu propio* destino, en la actualidad, esta práctica ha sido controvertida, mal interpretada y rodeada de misterios. El propio Bolduc nos informa:

> El término «Hipnosis» se originó con el trabajo del cirujano escocés James Braid quien trabajó en la década de 1840.

39 Neville Goddard. *Plegaria. El arte de creer*. Trad. Clara Llum. Goddard Publications. 1945. Pág. 5.

> El término proviene de la palabra griega *hypnos* (que significa sueño). Este se refiere a un estado de consciencia que de muchas maneras es como el sueño, pero que permite una variedad de respuestas conductuales y mentales a la estimulación. En respuesta a sugestiones del inconsciente, la memoria consciente y los patrones de consciencia del yo, pueden ser cambiados.[40]

Al parecer, este método se había utilizado desde hacía cientos de años pero cayó en el olvido hasta que fue redescubierto por el médico austriaco Franz Mesmer, alrededor del año 1766. Freud quedó impresionado con las posibilidades curativas de la hipnosis. Recientemente, Milton Erickson (1902-1980)[41] realizó aplicaciones innovadoras de la hipnosis como método psicoterapéutico y en la actualidad esa corriente se extiende cada vez más en el campo de la psicología clínica. Ahora bien, es necesario recalcar que *esta técnica requiere de un correcto entrenamiento.*

Otra opción de ensoñación meditativa es, justamente, *el arte*. Se ha comprobado que la contemplación estética produce estímulos favorables en la parte del cerebro relacionada con el placer. Pero no sólo eso.

El que contempla una obra de arte, o un momento que considera estético, está lejos de jugar un papel pasivo. Por principio de cuentas, si hay una adecuada concentración, sus niveles de ensoñación crecen al grado de difuminar la línea entre la *realidad tangible* y esa otra forma de realidad que es la artística.

Si se contempla con atención y compromiso, luego de la ensoñación se pasa a la *ejecución* de la obra, o a su *integración.* El grado de abstracción puede ser tan alto que podemos *hacernos*

---

40 Henry Leo Bolduc. *Autohipnosis. Creando tu propio destino*. Trad. Angelina Ahumada et al. Fundación Edgar Cayce. 2004. Págs. VII-VIII.

41 Ibidem. Págs. 41-42.

uno con la obra. *Ejecutamos* junto con el actor o la actriz. *Nos integramos* a la pintura o escultura hasta capturar su esencia.

Este fenómeno ha sido abordado con frecuencia en diversas representaciones artísticas. Desde la inmortal obra de teatro de Pirandello, *Seis personajes en busca de autor*, hasta el magnético cuadro de *Las Meninas*, tocan el tema de la disolución de la frontera entre la vida real y la ficción.

El espectador es, pues, un agente vital en el proceso creativo. Por supuesto que puede existir una contemplación pasiva, inánime, indolente. No es esa a la que me refiero. Hablo de una actividad dinámica, imaginativa, de un intenso compromiso sensible. Hablo de la posibilidad de ser realmente *tocado* por una obra de arte. De vivir la experiencia de un momento único a través de una representación teatral, una película, un concierto o una canción; incluso, por qué no, de una puesta de sol, o una estampa urbana, o una imagen de la naturaleza. Hablo de una vivencia estética que nos envía hacia nosotros mismos, hacia nuestro interior, y nos hace reflexionar, cuestionarnos, conocernos más.

En suma, José Arturo, jóvenes lectores, la experiencia estética nos puede brindar no nada más la obra artística en sí; también puede darnos la posibilidad de un desarrollo espiritual. Una vez más diré que todo depende de ti, tu disposición, tu búsqueda y tu finalidad.

El arte de conocerse… y sus obstáculos

Un par de consideraciones más sobre el autoconocimiento pero desde perspectivas un tanto diferentes.

El arte de la autocomprensión es, sin duda, una lucha a contracorriente. Existen muchas fuerzas que colocan trabas en el trayecto. Muchas, las ponemos nosotros mismos, otras ya estaban ahí. Debemos hacer un recuento de algunas de ellas. La enumeración no pretende ser exhaustiva.

Si algo ha proliferado en nuestra época son los grupos, las asociaciones, las instituciones, las sectas, los partidos, las filiaciones… Todas ellas suelen propiciar una dependencia a la que mostramos poca resistencia y, al adherirnos sin reserva, cedemos terreno a la búsqueda de quienes somos y a la introspección.

El ejercicio de la libertad reclama una fuerte responsabilidad que no muchos están dispuestos a asumir. Por tal razón, a fin de evitar esa actividad decisoria sobre nuestra propia configuración, la salida fácil será meternos en una confortable burbuja y descargar graves responsabilidades en manos de otros: el grupo. Pero mediante un juego de alquimia cerebral, las ideas del grupo las reconocemos como propias. Muchas de nuestras creencias, de nuestras ideas, de nuestras aparentes convicciones pertenecen, en realidad, a otros, y las firmamos con los ojos cerrados, sin cuestionar.

Que quede claro: no estoy diciendo que pertenecer a algún tipo de colectivo sea en sí dañino o perjudicial. Existen grupos que nos ayudan a superarnos, a ser útiles, a servir a la sociedad desde diversas perspectivas. Agrupaciones que alimentan nuestro espíritu, que nos hacen más fuertes. Por poner un ejemplo sencillo: actualmente, en la medida que los gobiernos han perdido credibilidad, ciertas organizaciones producto de la sociedad civil han adquirido fuerza creciente y mayor respetabilidad. Y no se diga del trabajo grupal de las escuelas de educación primaria o media, o en las universidades.

No es que el hecho de afiliarse sea negativo. Lo que me parece irrebatible es que —como se argumenta claramente en el libro de Erich Fromm, *El miedo a la libertad*—, con frecuencia se eligen formas de dependencia para disolver la propia personalidad:

> A menos que no logre restablecer una vinculación con el mundo y la sociedad, que se funde sobre la reciprocidad y la plena expansión de su propio yo, el hombre contemporáneo está llamado a refugiarse en alguna forma de evasión a la libertad. Tal evasión se manifiesta por un lado por la creciente estandarización de los individuos, la paulatina sustitución del yo auténtico por el conjunto de funciones sociales adscritas al individuo; por el otro se expresa con la propensión a la entrega y al sometimiento voluntario de la propia individualidad a autoridades omnipotentes que la anulan.[42]

No es una exageración decir que los grandes problemas, los que más llaman la atención, son en este momento los caminos

---

42 Erich Fromm. *El miedo a la libertad*. Prólogo y trad. Gino Germani. Ed. Paidos. 2016. Pág. 17.

para lograr fama, las vías para la adquisición de poder, las formas de incrementar las cuentas bancarias. No es que, por sí, la búsqueda de lo confortable en cuanto a lo material sea deleznable. Más adelante dedicaremos unas líneas al concepto moderno del éxito, sus pros y sus contras. Pero ahora continuaremos indagando sobre el tópico esencial, el autoconocimiento.

Muchos académicos —entre ellos el maestro De la Herrán— coinciden en que ese saber fue fundamental en los inicios de la civilización. Las sociedades primitivas crearon ritos místicos cuya finalidad era la indagación del yo auténtico.

De hecho mencionaremos de paso uno de los eventos más inquietantes de la antigüedad griega: los *misterios de Eleusis*, cuya esencia era la iniciación al camino de la sabiduría en el entendimiento de los procesos de la naturaleza, teniendo como protagonistas a las diosas Deméter y Perséfone. —El misterio es relatado con puntualidad académica por Mircea Eliade, a cuyo tratado *Historia de las creencias y las ideas religiosas*[43] remito para su cabal conocimiento—.

Por lo pronto reproduzco la sucinta explicación contenida en el libro *El camino de Eleusis, una solución al enigma de los misterios*, en el que se nos informa que:

> Los iniciados pernoctaban en el telesterion de Eleusis, bajo la dirección de las dos familias de hierofantes, los Eumolpidas y los Kerykes, y partían atónitos por la experiencia que habían vivido: según algunos de ellos, jamás volverían a ser los mismos. Los testimonios acerca de esa noche de vivencias sublimes son unánimes, y Sófocles habla por los iniciados cuando dice: «Tres veces felices son aquellos de los mortales que habiendo visto tales ritos parten al Hades; pues solamente para ellos hay la seguridad de llevar allí una vida verdadera».

---

43 Mircea Eliade. *Historia de las ideas y las creencias religiosas*. Vol. I. Ed. Paidos. 1999.

> En el segundo milenio antes de Cristo, los griegos primitivos fundaron los misterios de Eleusis, que mantuvieron embelesados a los iniciados que cada año participaban en el rito. Era obligatorio guardar silencio respecto a lo que allí acontecía: las leyes de Atenas eran rigurosas en cuanto a los castigos que se imponían a todo el que violase el secreto. Pero a lo largo y a lo ancho del mundo griego, por encima del alcance de las leyes áticas, el secreto fue conservado de manera espontánea durante toda la Antigüedad, y a partir de la suspensión de los misterios en el siglo IV d.c. el secreto se ha convertido en un elemento que forma parte de la leyenda de la Grecia antigua.[44]

Se sabe que los más célebres personajes de la Grecia Clásica participaron en este rito iniciático: filósofos, historiadores, poetas, dramaturgos, matemáticos. La asistencia a esta ceremonia se consideraba la experiencia más importante de la vida. Y se llamaba *misterio* porque, como se afirma líneas arriba, nadie podía revelar en qué consistía, bajo amenaza de pena de muerte. Lo que apenas se sabe es que se veía el principio y el fin de la vida, y se accedía a un estado propicio para el hallazgo personal y el sentido de la vida.

Igualmente podría hablarse de ceremonias de iniciación en el antiguo Egipto, en Creta o en el Asia menor. Dejo el relato pormenorizado de este aspecto del conocimiento, por supuesto, para los especialistas. Lo que me interesa de él es que en esas épocas se priorizaba el camino interior. Con el paso de los años, tal y como vimos en el capítulo precedente, el interés por esta problemática fue tomado por ciertos filósofos y posteriormente recayó en el ámbito de la psicología y la literatura motivacional.

---

44 R. Gordon Wasson, Albert Hofmann, Carl A.P. Ruck. *El camino a Eleusis. Una solución al enigma de los misterios.* F.C.E. 1980. Pág. 9-13.

Lo cierto es que, como nos ilustra De la Herrán en su artículo sobre el autoconocimiento como eje de formación, se pueden advertir dos modelos diferentes en cuanto al autoconocimiento: el oriental, que es más práctico, con mayor afán de síntesis de los resultados, y cuyo modo de trabajo tiende más a lo íntimo. Por su parte, el modelo occidental tiene un mayor componente filosófico, teórico, reflexivo y con repercusiones sociales.

Nos sigue comentando el maestro De la Herrán que el saber occidental en cuanto al análisis introspectivo ha evolucionado de una línea originaria que estuvo más próxima al estilo o modo oriental, hacia una ruta propia más apegada a lo que conocemos en este momento como ciencia.

En estas latitudes por lo general nos colocamos en el conocimiento occidental. Pero lo que parecería una idea lejana —no occidentalizada— está muy cerca de nuestra realidad en México. Hay literatura muy interesante al respecto.

La figura de Jacobo Grinberg está envuelta en el más absoluto misterio. Grinberg nació en la Ciudad de México en 1946. Obtuvo la Licenciatura de Psicología en la Facultad de Ciencias de la UNAM y en 1968 fundó un Laboratorio de Psicofisiología. Dedicó sus mayores esfuerzos al estudio de los chamanes mexicanos y de ciertas disciplinas orientales. En los diversos laboratorios que creó, realizó estudios que se dedicaban a registrar la actividad cerebral de animales durante el aprendizaje, razón por la cual, en 1976, el New York Medical College lo recibió en su programa de doctorado a fin de desarrollar investigaciones en el laboratorio de E. Roy John, que incluía '*el registro electrofisiológico del cerebro humano durante procesos de asignación de significado a estímulos geométricos*'. A su regreso a México, se dedicó a impartir clases en la UNAM y se instaló en Tepoztlán. Grinberg fundó, además, el Instituto Nacional para el Estudio de la Conciencia, que recibió fondos de la UNAM y del CONACYT. Es necesario añadir que, después de cursar su doctorado en New York, Grinberg arriesgó su prestigio académico al publicar un libro sobre Bárbara Guerrero, curandera mexicana mejor conocida como Pachita. En 1994, Grinberg desapareció sin que hasta el momento se sepan las causas. Entre sus múltiples libros publicados —más de cincuenta— sobresalen los siete volúmenes titulados precisamente *Los chamanes en México.*

Recurriremos a las palabras del Dr. Grinberg en una entrevista realizada por Eugenia Flores con el objeto de establecer diversas definiciones de la palabra *chamán*, término proveniente de las tribus de Siberia y que en nuestro entorno tiene gran relevancia. Grinberg dice que *chamán* puede ser:

a. El aprendiz de curandero. Es un muchacho campesino o hijo de artesano que se pone en contacto con un curandero que le enseña a curar.

b. El curandero. Es un especialista, generalmente maneja bien una técnica, por ejemplo, puede dedicarse a curar los huesos por lo que recibe el nombre de huesero; existe el especialista en sustos, capaz de recuperar el estado del paciente después de una alteración muy fuerte llamada susto; hay los especialistas en empachos o partos, entre otros. Los curanderos no utilizan métodos alopáticos, sino los tradicionales que heredan de su cultura que por supuesto, pueden variar.

c. El psicólogo autóctono o médico tradicional. No es un especialista en una sola área, sino que ha expandido su campo y tiene varias especialidades. Es más global, se dirige a la totalidad de la persona y puede curar varias cosas. Aquí hay un rango amplísimo entre el médico tradicional que recién se inicia y el experimentado que tiene una capacidad extraordinaria para detectar y diagnosticar. El psicólogo autóctono sería propiamente el especialista en las alteraciones psicológicas.

d. Chamán. Es alguien que ha recorrido las primeras tres categorías, de una manera u otra manera, pero su área de acción es más abstracta. No tiene una sola especialización como el curandero, más bien constituye una especie de puente entre varias realidades. Se le llama hombre de conocimiento, un sabio que tiene contacto y se ha abierto a realidades alternativas y de alguna manera actúa como maestro, como guía y también como curandero o médico tradicional.

e. Chamán-nahual. Es un chamán pero su poder es extraordinario, lo cual quiere decir que tienen mucha receptividad y es capaz de hacer diagnósticos con mucha precisión utilizando solamente su poder perceptual. Es un puente entre varias realidades, un maestro, y un director de un linaje. Los linajes son como familias de maestros y discípulos que han tenido una historia y una sucesión. Esto quiere decir que un chamán-nahual enseña a un chamán, luego el chamán se vuelve chamán-nahual y enseña a otro. Es algo parecido a una escuela de cierto tipo de conocimiento que tiene una historia. Por ejemplo, el linaje de los graniceros en el estado de Morelos se especializa en el control de las condiciones atmosféricas. Su genealogía puede fijarse varios siglos atrás. [45]

Este tipo de conceptos fascinantes son parte fundamental de tradiciones ancestrales de nuestros pueblos originarios, han pervivido pese a la cultura occidental que también nos conforma,

---

45 Eugenia Flores. *El chamanismo en México*. Entrevista a Jacobo Grinberg. Tomado el 20/07/2024 de: https://www.facebook.com/SACREDMEX/ *¿Qué es un chamán?*

pero dichas costumbres poco a poco se han ido quedando olvidadas y, con ellas, una idea mística del autoconocimiento, de la percepción de la realidad y de nuestra relación con la naturaleza.

Esto lo explica de manera clara De la Herrán haciendo alusión a un estudioso de estas formas alternas de conocimiento, como lo es C.G. Jung:

> En su origen, no obstante, concomitaban —el estilo oriental con el occidental del autoconocimiento— de modo que la forma socrática o platónica de entender el tema no era lejana a la de los sabios chinos o hindúes de la antigüedad. La percepción occidental mística se asemeja asimismo al modo empírico oriental de aprender el autoconocimiento. También se perciben coincidencias significativas entre ambas y algunas culturas atrasadas, en cuanto a desarrollo socioeconómico. Todavía *ciertos pueblos indígenas* asimilan un «arquetipo» —C.G. Jung— consistente en la identificación con un yo profundo, y el consecuente desapego con su nombre, la imagen que proporcionan a sus congéneres, etc., por lo que hablan de sí mismos en tercera persona. Mi opinión es que, a priori y en cuanto al autoconocimiento, éste es un signo de mayor hondura y mejor percepción que el atribuido por las sociedades occidentales modernas, que identifican el yo sujeto con el yo objeto de uno mismo, la luna con el reflejo de la luna en el agua, la estrella y el dedo que apunta a la estrella.[46]

Es consecuente preguntarnos si hubo entre los pueblos prehispánicos algo similar a lo que nosotros denominaríamos *filosofía*, y si también se plantearon las preguntas fundamentales.

Nadie ha abordado estos temas como Miguel León Portilla. Él estudió a conciencia a historiadores como Fray Toribio de Benavente, Francisco Javier Clavijero, Lorenzo Boturini y, por supuesto, a Fray Bernardino de Sahagún.

---

46 Agustín de la Herrán. Op. Cit. Pág. 17.

Antes de León Portilla pocos investigadores —entre ellos, el Padre Ángel María Garibay— habían postulado que hubiese una filosofía prehispánica plena de una cosmovisión con profundos ecos existenciales y separada —o por lo menos poseedora de cierta independencia— del saber religioso. Evidentemente no estaba elaborada con la forma en que la conoce el mundo occidental, pero los estudiosos aceptaron que las ideas filosóficas de estas civilizaciones se hallaban entre los versos de la intensa poesía prehispánica y, en la medida de lo posible, en la sobreviviente tradición oral.

Me permito ahora reproducir unas líneas del capítulo IV del tratado *Filosofía Náhuatl*, de León Portilla, en el que podemos apreciar con claridad de qué manera abordaban los antiguos nahuas los problemas relativos al hombre y su existencia:

> El pensamiento náhuatl acerca del hombre: Contándose entre los atributos de los tlamatinime (se traduce como «hombres sabios»)… «poner un espejo delante de la gente para hacerla cuerda y cuidadosa», «hacer sabios los rostros ajenos, hacerlos tomar y desarrollar una cara», así como «humanizar el querer de la gente», tuvieron que irse encontrando en ésta su misión de pedagogos innumerables dificultades, debidas no sólo a las circunstancias de tiempo y lugar, sino también al misterioso ser del hombre, cuyas reacciones e inclinaciones parecen siempre imprevisibles. El hecho de ser necesario enseñar al hombre «a tomar una cara», estaba ya indicando que los mortales que vienen al mundo son algo así como seres «sin rostro», deficientes, casi diríamos anónimos.
>
> Conocían por otra parte los tlamatinime que el hombre en su afán de adquirir por sí mismo «un rostro», se lanza a la acción sobre la realidad evanescente de Tlaltícpac (sitio en el que vivimos en el planeta y es transitorio). Y allí, «dando su corazón a cada cosa, yendo sin rumbo (Ahuicpa), lo va per-

diendo», porque sobre la tierra es difícil ir en pos de algo verdaderamente valioso. Así, era un nuevo problema el encontrar un sentido para la acción misma del hombre: «¿sobre la tierra se puede ir acaso en pos de algo?». Y si esto es difícil aquí, sobre la tierra, acerca de las relaciones del hombre con «lo que nos sobrepasa», con el más allá, es menos aun lo que en verdad puede decirse.

Un día, sin que sepamos la fecha ni el nombre del tlamatini que hizo el descubrimiento completo, surgió la pregunta de alcance universal: ¿son acaso verdad los hombres?

En este momento, el pensamiento náhuatl, gracias a la reflexión sobre sí mismo, entró de lleno en el campo de lo que hoy llamamos antropología filosófica y comenzó a elaborar toda una serie de doctrinas que constituyen su respuesta a los varios aspectos implicados en el gran problema acerca de la verdad de los seres humanos. Y conviene recordar, con el fin de hacer plenamente comprensible el planteo náhuatl del problema del hombre que la palabra verdad (neltiliztli) posee entre los nahuas el sentido de apoyo o fundamento existencial. Por tanto, la pregunta citada equivaldría así a la siguiente: ¿tienen acaso algún cimiento los hombres, o son ellos también un mero ensueño?[47]

La información que nos otorga el maestro León Portilla es invaluable. Deseo subrayar el hecho de que los hombres sabios tenían como una de sus misiones ayudar a que todo hombre, que por naturaleza está siempre perdido, sin rumbo, pudiera

47 Miguel León Portilla. *La filosofía náhuatl estudiada en sus fuentes*. UNAM. Instituto de Investigaciones Históricas. Cultura Náhuatl. 1983. Págs. 179-180.

adquirir *una cara*, es decir, una identidad, esto gracias a la reflexión sobre sí mismo.

Como breve acotación diré, José Arturo, jóvenes, que en la filosofía náhuatl se tenía el concepto de vivir el *aquí* y el *ahora*, sin apego al pasado o al futuro y recibía el nombre de *Nican Axcan*.

Un Rey Poeta

Amado José Arturo, entrañables lectores, para percibir un poco del aroma lírico y hondo del pensamiento prehispánico, te distraeré un instante con un breve y elocuente poema del rey Nezahualcóyotl:

HE LLEGADO

He llegado aquí, soy Yoyontzin. Sólo busco las flores,
sobre la tierra he venido a cortarlas. Aquí corto ya las
flores preciosas, para mí corto aquellas de la amistad:
son ellas tu ser, oh príncipe, yo soy Nezahualcóyotl, el
señor Yoyontzin.

Ya busco presuroso mi canto verdadero, y así también
busco a ti, amigo nuestro. Existe la reunión: es ejemplo
de amistad.

Por poco tiempo me alegro, por breve lapso vive feliz
mi corazón en la tierra. En tanto yo exista, yo, Yoyontzin,
anhelo las flores,
una a una las recojo, aquí donde vivimos.

Con ansia yo quiero, anhelo, la amistad, la nobleza, la comunidad. Con cantos floridos yo vivo.

Como si fuera de oro, como un collar fino, como ancho plumaje de quetzal, así aprecio tu canto verdadero: con él yo me alegro.

¿Quién es el que baila aquí, en el lugar de la música, en la casa de la primavera? Soy yo, Yoyontzin, ¡ojalá lo disfrute mi corazón![48]

A mi parecer y hasta donde alcanzo a vislumbrar, la búsqueda del *rostro propio* en la lírica prehispánica se da en función de la colectividad y en relación con la naturaleza, la amistad, el reconocimiento de la vida efímera y el respeto a los designios de la divinidad.

---

48 Nezahualcóyotl. Poema *He llegado aquí*. Tomado el 21/07/2024 de: He llegado aquí - Poemas de Nezahualcóyotl (poemas-del-alma.com).

El autoengaño

Ahora regresemos otro rato a occidente.

Intentemos hacer un ejercicio especulativo sobre algunos de los factores negativos que se nos atraviesan en el camino para evitar conocernos. Mencionaremos, en primer lugar, el ya mencionado *autoengaño*.

Es evidente que todos hemos sucumbido alguna vez, o muchas veces, a las mentiras autoinfligidas. Mentira es una falsa apreciación de la realidad. También se le ha definido como una alteración deliberada de la verdad. Pero, ¿cómo descubrir una mentira? Más aún, ¿cómo saber si estoy siendo presa de una mentira que yo mismo me he inventado?

Como puede verse, en esta primera aproximación subyacen o una deliberada o una inconsciente resolución —para ocupar un ejemplo deportivo— de anotar un autogol. La pregunta obligada sería, en este caso, el hecho de advertir por qué nos sumergimos consciente o involuntariamente en un pantano que sabemos que nos hace daño pero deseamos verlo como una límpida y tranquila alberca. Los estudiosos de este aspecto de la personalidad nos dicen que es un fenómeno complejo. Donald Davidson, investigador de la Universidad de Oxford, lo define de la siguiente manera:

> La situación habitual donde la suma de la evidencia disponible para el agente indica la verdad de una proposición, lo que inclina al agente a creerla (hace que el agente la trate como si fuera más probable su verdad que su falsedad. Esta inclinación (la alta probabilidad subjetiva) causa que el agente busque, favorezca o enfatice la evidencia a favor de la falsedad de la proposición, o ignore la evidencia a favor de su verdad.[49]

En otras palabras, a pesar de que las pruebas estén ahí, frente a nosotros, gritándonos una verdad, nosotros nos inclinamos por lo falso de la apreciación o, al menos, a pasar por alto la evidencia. ¿Te suena familiar? Por lo general realizamos una labor interna de ponderación de factores y, pese a que las razones aparezcan con mayor fuerza en relación con cierta verdad, nosotros otorgamos más peso a algunas consideraciones subjetivas que, quizás, nos sean poco convenientes. Obedecemos, más que a la lógica de una situación, a un sistema personal de creencias y, en última instancia, de proclividades.

La cuestión siempre recaerá tanto en intentar plantear la situación mediante un correcto uso del criterio, como en la valoración más clara posible tanto de nuestras razones lógicas como de nuestros impulsos emotivos.

Por supuesto, no es tarea fácil. Para apreciar adecuadamente una situación hace falta una mente en calma, que pueda observar con objetividad, y está visto que regularmente estamos envueltos en contradicciones, dicotomías y dificultades que afectan nuestras percepciones. El problema radica muchas veces en tener una idea preconcebida de las cosas, *desear* que sean de una manera determinada, o suponer indefectiblemente que así son y, al no ser así, al enfrentarnos con otro tipo de realidad,

---

49 Citado por María del Rosario Hernández Borges en *La etiología del autoengaño. ¿Pretendo engañarme o me engañan mis mecanismos?* Teorema. Revista internacional de filosofía. Vol. 26. Número 3. 2007. Pág. 20.

distorsionamos los hechos mediante una óptica errónea. «Queremos que las cosas sean de determinada manera», cuando, en realidad, las cosas son... como son.

Quiero que comentemos ahora uno de los ejemplos literarios más claros en cuanto a lo pernicioso que puede llegar a ser el autoengaño. Se trata del caso del genial escritor Franz Kafka.

Kafka nació el 3 de julio de 1883 en el barrio judío de la hermosa ciudad de Praga. Su padre, Hermann Kafka, fue un hombre severo y obcecado que, después de persistentes esfuerzos, había logrado establecer un sólido negocio, secundado por su esposa, una mujer excepcionalmente inteligente. Los dos hermanos mayores de Franz murieron en la infancia, y de sus dos hermanas lo separaba una pronunciada edad, de modo que fue un niño solitario. Además, fue terriblemente enfermizo. Vivió aterrorizado por la rudeza de su padre y odiaba y temía la realidad que lo circundaba —asunto que se ve reflejado en *La metamorfosis*—.

En 1918 escribió *El castillo* y varios cuentos, entre ellos los que integran la colección *Un médico rural*, y al año siguiente escribió uno de sus cuentos más célebres: *La colonia penitenciaria*.

En 1923 conoció a Dora Dymant, la mujer que lo acompañaría hasta su muerte; quizás, la única felicidad que hubo en su vida. En la Navidad de 1923 enfermó gravemente y tuvo que permanecer cuatro meses en cama por neumonía. Nunca se recuperó. Solicitó a su amigo y albacea Max Brod que destruyera todos sus escritos inéditos, y que constituían la parte esencial de su obra. El amigo no hizo caso y rescató la obra de Kafka para fortuna de todos nosotros.

¿Qué llevó al enfermizo Franz a pedir tal aberración? El autoengaño, presentado en esta ocasión bajo la forma del menosprecio. Él pensaba que nada de lo que había escrito valía la pena. Esa falsa apreciación de sí mismo no sólo se reflejó en cuanto a su literatura sino también en lo sentimental marcado por cinco tentativas de matrimonio frustradas y un aislamiento permanente.

Es de estremecerse el imaginar que, de no ser por la actuación de un amigo razonablemente objetivo, nos hubiéramos perdido de novelas como *La metamorfosis*, *El proceso*, *El castillo*, o su estremecedor texto *Carta al padre*, o cuentos inolvidables como *La colonia penitenciaria* y *Ante la ley*.

En conclusión, el autoengaño es una de las principales causas que obstaculizan nuestros procesos de indagación de quienes somos y, como acertadamente afirma Hernández Borges, para que se dé ese fenómeno influyen fuertemente la emoción y el afecto. Remato con esta frase de la profesora de la Universidad de la Laguna, en España: *Si el conflicto que se produce en el autoengaño proviene de la contradicción entre lo que muestra la evidencia y lo que sé de mí, mi autoconocimiento, entonces ambos aspectos influirán en la eliminación del autoengaño.*[50]

El siguiente aspecto a tratar tiene enorme relevancia pues prácticamente forma parte de nuestra existencia desde sus inicios: *el miedo*.

Vivimos atados al miedo. Diseñamos muchos ámbitos de nuestras vidas en relación con él. Me atrevería a decir que no hay día en que no se aparezca disfrazado con las ropas de una enfermedad propia o ajena, o una pérdida familiar, o un tropiezo laboral, o un cataclismo, o la comisión de un simplísimo error. Obviamente en el miedo hay grados, intensidades, causas.

Dice el diccionario de la RAE que miedo es: *angustia por un riesgo o daño real o imaginario*, o bien *recelo o aprensión que alguien tiene de que le suceda algo contrario a lo que desea*. Podemos adelantar que en su esencia hay un fuerte componente emotivo.

---

50 María del Rosario Hernández Borges. Ídem. Pág. 28.

Empero, el miedo tiene raíces biológicas. Se ha explicado en ese sentido que, cuando percibimos una amenaza, se activa la amígdala —núcleo del sistema límbico—, que afecta directamente al sistema nervioso, y que nos ordena protegernos buscando la supervivencia. En otros términos, la principal función de este sistema es integrar las emociones con los patrones de respuesta adecuados. La amígdala es, luego entonces, el principal núcleo de control de nuestras emociones.

Se afirma que, gracias a que una de las funciones de la amígdala es la gestión del miedo, hemos podido sobrevivir como especie, percibiendo cuando somos amenazados en nuestra integridad y realizando impulsivamente la protección necesaria.

Ahora bien, a la par del perfil instintivo del miedo, también hay una faceta subjetiva influida por cuestiones culturales, sociales o psicológicas.

Los psicólogos distinguen el miedo real —cuando la amenaza es patente e indiscutible— del miedo neurótico —cuando el peligro latente no tiene equivalencia con la reacción presentada—. Además, a esta emoción se le asocia —o incluso se le confunde— con otras parecidas, como la angustia, el terror, la aprensión, el horror, el susto, el pánico y, por supuesto, las fobias.

Al sentir miedo se puede reaccionar de diversas maneras: procuramos enfrentar y atacar al ente adverso que nos lo provoca; buscamos huir cuanto antes a fin de guarecernos; nos quedamos paralizados, bien por imposibilidad de hacer reaccionar nuestro cuerpo, o por estrategia inconsciente esperando que el peligro se vaya; por último, nos sometemos a la fuerza superior.

Resulta muy difícil transformar nuestra naturaleza. Sin embargo puede suceder. Pongo el ejemplo del guardaespaldas que, contra la lógica de la gente común, coloca el pecho para recibir las balas defendiendo a una persona. O el equilibrista que pende a una gran altura e incluso es capaz de pararse de cabeza. O el poseedor de un criadero de cocodrilos que se divierte dándoles de comer en la boca. Hay actividades que nosotros la gente *de a pie* no haríamos ni por equivocación y que personas como las que hemos descrito anteriormente hacen de manera asombrosa, venciendo el miedo más natural.

Eso sí, no me he querido referir a aquél que tiene una hipertrofia en la amígdala y es incapaz, no nada más de no sentir miedo, sino de no percibir una diversidad de emociones. Antes me he querido referir al que siente miedo pero lo domina con suficiencia, a grados notables.

Hay personas cuyo desempeño se potencia al sentir miedo. El actor que requiere de la descarga de adrenalina para realizar la mejor de sus representaciones. El torero que necesita al toro más furioso para bordar la más excelsa faena. La bailarina que se yergue con más energía al escuchar el clamor del teatro a reventar.

Otras personas, por el contrario, son capaces de desmoronarse a causa del temor. El miedo los pierde, los borra, los aniquila. Culturalmente es una conducta que lleva cierto descrédito. Estamos acostumbrados a que se exalte al valiente y se reproche al medroso. Se acepta que una niña tenga pavor de una arañita, pero es inaceptable que el niño de la misma edad tenga miedo de la oscuridad y, por ello, se le reprende. Lo que quiero reconocer con estas especulaciones es que en la valoración del miedo existen factores sociales y educativos.

Los casos más extremos los encontramos en las fobias. Se trasciende el miedo real y se impone el miedo neurótico. Podemos ser testigos —o protagonistas principalísimos— de actitudes descontroladas. El pánico producido por un ratón que está más atemorizado de nosotros. La sudoración que nos causa ir en un elevador que se bambolea más de la cuenta. El tener que ir a una oficina que está en el piso 56. ¡Qué difícil!

El miedo tiene una función vital, de supervivencia, de puesta en alerta, de colocarnos en guardia. Se sabe que en momentos críticos la concentración, la fuerza, los reflejos, todos los sentidos se potencian a grados fuera de lo común.

Por otro lado, el miedo también puede ser disfuncional, acarrearnos problemas, obnubilarnos y provocarnos ir contra nosotros mismos. ¿Por qué puede suceder eso? Vamos a especular.

Una buena porción del miedo que nos acompaña en la vida se adquiere por educación. La familia, los amigos, los compañeros de escuela, los profesores… mucha gente a nuestro alrededor influye para que adquiramos temores que a la postre pueden perjudicarnos.

En algunas religiones, el concepto de Dios, o de los dioses, lleva aparejada una idea de castigo necesario por la culpa de encarnar en seres humanos. Esas enseñanzas pueden marcarnos para siempre. «Soy individuo y, por ende, pecador, y por lo tanto, merezco ser castigado». No hay que olvidar el origen religioso de las tragedias griegas, en las que el ser humano debía someterse a los designios divinos, so pena de ser destruido; o las terroríficas sanciones del Dios del Antiguo Testamento; o las manifestaciones apocalípticas de ciertos profetas que tienen el privilegio exclusivísimo de hablar con la divinidad quien, en un arranque de ira, puede decidir la fecha exacta para la hecatombe y así castigar al hombre por el hecho de portarse mal y desviar el camino. —Para nuestro beneficio hasta el momento la ha pospuesto varias veces—.

Más aún. Me atrevería a sospechar que hay intereses políticos y sociales para que vivamos esclavizados, viviendo en un miedo permanente. Es, desde luego, el uso del miedo como una herramienta ideológica. Y es también una paradoja. Culturalmente se privilegia al héroe, se alaba la temeridad, se admira la osadía, pero se cultiva el miedo a fin de orillar a una vida sumida en la medianía.

No pueden ser casuales las noticias que leemos, escuchamos o vemos a diario. Si no es un asteroide que se aproxima peligrosamente a la tierra, es una nueva enfermedad con grandes posibilidades de convertirse en pandemia, o el avance escalofriante de bandas delincuenciales, o los temibles cambios climáticos de los que todos somos, en alguna medida —según la prensa— culpables, o las inusitadas explosiones solares, o los vaticinios de una pitonisa, o los sismos, o los volcanes... Bajo esa perspectiva, la libertad se nos va minando.

Por supuesto, muchos de esos peligros podrían ser reales. Otros no lo serán tanto. Muchos más ni siquiera sucederán. El problema radica en la manipulación a través de infundir miedo. Al paralizar a la gente se le controla. Como afirma Francisco Diez de Velasco, *el miedo es un instrumento tanto en la vampirización energética de unos por parte de otros (en particular en la farsa de control del intimidador), como en el debilitamiento y la desconexión de la fuerza espiritual (el miedo determina una pérdida de energía en particular en los que han emprendido la senda de autosuperación).*[51]

El mayor de los espantos para el creyente —especialmente me refiero al que profesa la religión católica— es el del infierno. Al creer en la vida eterna, el anhelo es ir al paraíso y permanecer al lado de Dios. Pero en caso de sucumbir a los pecados y no experimentar ningún tipo de arrepentimiento, irá a parar a lugar más terrible, la morada del mal. Cabe recordar que, a lo largo de la historia de la humanidad, el infierno ha adquirido muchas formas, ha tenido muchos nombres: tártaro, orco, averno, hades…

Querido hijo, estimados jóvenes, son incontables las referencias que la cultura ha hecho a este sitio de castigo. Desde la célebre frase de Sartre —*El infierno son los otros*—, hasta las

---

51 Francisco Díez de Velasco et al. *Miedo y religión*. Ediciones del Orto. 2002. Pág. 373.

representaciones juguetonas y pueriles del infierno en cualquier irreverente pastorela navideña en la que tal lugar adquiere la forma de las oficinas de un partido político.

El infierno de Borges y Bioy

José Arturo, muchachas y muchachos, déjenme presentar un breve párrafo del *Libro del Cielo y el Infierno*, antología elaborada por Jorge Luis Borges y Adolfo Bioy Cazares. Verán que la descripción del inframundo es elocuente:

> Catálogos de infiernos. Brama. El Naraka o infierno tiene tres puertas, la concupiscencia, la cólera y la avaricia: sus habitaciones son siete; las almas pecadoras padecen allí tormentos proporcionados a sus faltas y tiene que recorrer doscientas mil leguas para llegar al palacio de Yama que es su juez y rey. A veces tienen que encaramarse por rocas cortantes en las que encuentran densas tinieblas con multitud de serpientes, tigres, gigantes, y allí tienen que abrirse un sendero entre el lodo y la sangre. Yama se les muestra bajo el más terrible aspecto; el dios del infierno tiene ochenta mil leguas de altura; sus ojos son como grandes lagos rojos; su voz como un trueno; su respiración como el mugido de la tempestad. Cuando se le presenta el culpado Yama le dice: ¿Ignorabas que yo tenía suplicios para los malvados? Lo sabías y pecaste; pues bien, sea el infierno tu herencia. ¿De qué te aprovechará llorar? Si el culpado pide que se le prueben los hechos, Yama invoca como testigos al día, la noche, la mañana y la tarde, y después de la deposición de estos testigos incorruptibles, se ejecuta la

sentencia. En el infierno hay suplicios diferentes para cada especie de delitos, para cada sentido, para cada miembro del cuerpo; el hierro, el fuego, los animales venenosos, las bestias feroces, la hiel, el veneno, todo se utiliza allí para atormentar a los condenados. Unos son arrastrados sobre hachas cortantes; otros están condenados a pasar por el ojo de una aguja; éstos sufren que un buitre les roa los ojos; aquellos que los cuervos picoteen su cuerpo. *Baghavat-Guita*, IX y XVl, Purana citado por Crawfurt Ward y De Marles. t. II, p. 198, Dubois, *Viaje a Massorah*. t. II, p. 325, *Sonnerat*, II, 17.[52]

52 Jorge Luis Borges y Adolfo Bioy Casares. *El libro del cielo y el infierno*. Ed. Sur. 1970. Pág. 19.

Ahora, la muerte

Si sólo aquellos que son creyentes temen al infierno, todos, o por lo menos una enorme mayoría, tememos a *la muerte*. Se ha dicho, incluso, que ese miedo es la causa de la existencia de las religiones. Diferentes posturas filosóficas parten de la idea de que el actuar humano tiene su origen, su principal motor, en la conciencia que tenemos de ser efímeros.

Ese temor lleva implícitos, también, el miedo a la agonía, al proceso de la muerte y la angustia frente a lo desconocido, a lo que sucederá después de haber fallecido. Al contrario de lo que opinan ciertos pensadores, y con todo respeto, esos miedos no me parecen para nada absurdos. Creo que es una reacción absolutamente natural. Los argumentos de quienes creen que se trata de una incongruencia consisten, fundamentalmente: si se le teme a lo conocido, y si no sabemos que hay después de la muerte, luego entonces no hay razón para temer. También dicen que más que el miedo a la muerte debería hablarse del miedo a perder la vida, a lo que hemos logrado, a lo que poseemos, a lo que nos relaciona con los demás.

Asimismo, hay quienes aducen que, si la muerte es el punto final y es irremediable, y enseguida no hay más que la nada absoluta, no debemos de sentir la mínima angustia.

Nadie ha regresado de la muerte. Científicamente se han hecho esfuerzos por comprobar lo que sucede en la agonía, lo que pasa en el momento justo del fallecimiento, si en verdad existe algo que puede denominarse *alma* y si ese elemento que nos conforma se desprende del cuerpo e, incluso, cuánto pesa.

Acudo a una cita de María Graciela de Ortúzar en su artículo *La definición de muerte desde las perspectivas de Bernard Gert y Daniel Wikler*; en este trabajo se nos ofrece una definición de muerte: *La muerte es la cesación permanente de todas las funciones clínicamente observables del organismo como un todo y pérdida permanente de la conciencia por el organismo en todas sus partes identificables. Gert.*[53]

Es verdad que el miedo a la muerte envuelve muchos miedos. El de la enfermedad y la agonía; el de la conciencia personal de nuestra muerte o el del temor de la muerte de los seres queridos; el del misterio de lo que habrá después o el de la creencia en que hay un vacío inevitable. En todo ellos nos alarma percatarnos lo terriblemente vulnerables que somos.

Concuerdo con Savater cuando dice que comenzamos a madurar, a crecer, cuando en algún punto de nuestra vida infantil o juvenil adquirimos conciencia de la muerte. Pensar en la muerte nos causa angustia pero nos obliga a reflexionar sobre la vida, sobre lo que deseamos seguir poseyendo o lo que queremos evitar al despojarnos de ella.

A reserva de dedicarle unas líneas más adelante a la idea de prepararnos día a día, elaborando estéticamente nuestra vida para intentar concluirla de manera igualmente artística,

---

53 María Graciela de Ortúzar. *La definición de la muerte desde las perspectivas de Bernard Gert y Daniel Wikler*. Universidad Nacional de la Plata. Revista de filosofía y Teoría Política. Actas de las 1º Jornadas de Investigación para Profesores, Graduados y Alumnos, La Plata, 1996. En Memoria Académica. Disponible en: http://www.fuentesmemoria.fahce.unlp.edu.ar/art_revistas/pr.2563/ pr.2563.pdf. Visto el 22/07/2024. Pág. 4.

por lo pronto esbozaré un par conclusiones sobre el temor a la muerte.

Anteriormente dije que nadie había regresado del más allá para contarnos la experiencia de morir. Lo más cercano han sido las historias consignadas por estudiosos de los procesos de resucitación, como los doctores Raymond Moody, Elisabeth Kübler-Ross o Manuel Sans Segarra. Los testimonios hablan desde la consabida luz blanca y brillante al final del túnel hasta desdoblamientos corporales, visitas a edénicos jardines, diálogos con familiares difuntos o con seres divinos. Por supuesto, respecto a cómo es la vida después de la vida, hay innumerables páginas escritas por investigadores de fenómenos paranormales.

Lo cierto es que, desde los orígenes de nuestras civilizaciones, pese a doctrinas inventadas para convencernos de sus bondades metafísicas o aseveraciones médicas acerca de lo placentero del proceso, cuando la muerte toca a la puerta el sonido se supone aterrador. Pensar en ello es agobiante. Tanto, que algunos pierden total ecuanimidad apenas les cruza ligeramente esa idea por la cabeza. Darse cuenta de que tenemos que morir, que es un hecho irremediable, que es el acto personalísimo por excelencia, que quizás en ese momento postrer nos enfrentaremos a lo que hicimos y dejamos de hacer, que la vida cotidiana es la constatación de nuestro devenir en el tiempo y que, precisamente, ese *tiempo* es el camino hacia la muerte, todas esas cuestiones y muchas más, orillan a algunos a evadirse de la responsabilidad de indagar su propia esencia, eludir el proceso de autoconocimiento.

Es probable que si se aborda la cuestión de frente se tenga un efecto contrario: pensando concienzudamente en la muerte llegaremos a pensar más claramente en la vida. Y no es un simple juego de palabras: es algo que no estamos acostumbrados a hacer y tal vez convendría poner en práctica.

Terminamos el pasaje sobre la muerte con una frase harto conocida de Woody Allen: *No le temo a la muerte. Sólo que no me gustaría estar allí cuando suceda.*

De vez en cuando convendría hacer honestos ejercicios de introspección y preguntarnos si tal o cual decisión que hemos tomado o queremos tomar no está contaminada por algún tipo de temor pernicioso, atentatorio de nuestra más auténtica personalidad. «Puedo alcanzar esta meta. Lo sé. Lo quiero… pero me da miedo». «Me gustaría viajar a ese país… pero detesto estar fuera de mi casa más de una semana». «Quiero con todas mis fuerzas dedicarme a esta profesión… pero me dicen que me moriré de hambre». «Podría vivir en esa ciudad, cerca de la playa… pero me da pavor emprender la mudanza». «¿Qué se sentirá vivir solo? Se me antoja… pero me da miedo nada más de pensarlo». «Esa persona me está haciendo mucho daño, me absorbe la energía… pero siento temor de rechazarla y decirle en su cara lo que siento». «Estoy harto de ese empleo… pero me estreso sólo con pensar en renunciar». Y cientos de ejemplos más.

Querido José Arturo, amigas y amigos lectores, les digo y me lo digo constantemente: el trabajo con el miedo es algo imprescindible. Es cuestión de ejercicio permanente de autoconocimiento, de implementar la más noble y ética intención de llevar una vida artística.

Todavía nos quedan otros factores que enturbian nuestro afán por conocernos mejor. Les propongo que me acompañen a descubrirlas, ¿quieren?

Más obstáculos

Si el miedo es uno de los factores que nos bloquean la percepción de lo que somos, qué decir de otra emoción que con regularidad perturba nuestros sentidos: *la envidia*.

Es imposible realizar un buen trabajo sobre uno mismo si la atención está sobre lo que hace el otro. Esto, para comenzar. Pero, en sí, ¿en qué consiste la envidia? La Real Academia de la Lengua Española nos dice que la envidia es la tristeza o el pesar por el bien ajeno, o el deseo de algo que no se posee. Y la RAE, con todo respeto, quizás se quedó corta.

Se trata de una de las emociones más destructivas, tanto para el envidioso como para el que despierta la envidia, puesto que generalmente va a ir acompañada de una cadena de sentimientos anexos de gran toxicidad.

Coinciden algunos analistas que, en la médula de la envidia existen complejos de inferioridad, de menosprecio, de carencias, de agresividad y de odio, todos ellos abiertamente declarados o latiendo en la clandestinidad. El envidioso nunca está conforme con lo que es ni con lo que tiene y desea que el otro deje de ser y de tener. En situación extrema puede llegar a anhelar un daño irreparable en el sujeto centro de su envidia, y en ocasiones él mismo perpetrará el mal.

En el fenómeno se dan dos distorsiones muy definidas: en primer lugar, el envidioso valora de forma equivocada lo que es o lo que tiene; en segundo, dimensiona de manera subjetiva, casi siempre desmesurada, lo que el otro es o lo que posee.

Veamos algunos puntos interesantes que aparecen en el artículo *Psicosociodrama de la Envidia: ¡El que pueda que tire la primera piedra!*, de Rosa Cukier, investigadora del Instituto de Psicodrama Jacob Levy Moreno:

> Hay innumerables definiciones de este sentimiento, que varían según el aspecto del fenómeno que se quiere abordar:
>
> - La envidia es un tipo de dolor psicológico sentido cuando nos comparamos con otras personas, evaluamos nuestro valor, nuestra autoestima y nuestro propio respeto son disminuidos.
>
> - La envidia es una dolorosa observación de lo que nos falta.
>
> - Sentimos envidia cuando otra persona tiene características superiores a las nuestras.
>
> - La envidia es un tipo de admiración y amor por aquello que no se tiene.
>
> - *Schadenfreude* es una palabra de origen alemán usada también en otras lenguas para designar el sentimiento de alegría o placer por el sufrimiento o infelicidad de los otros.

- La envidia es el sentimiento que nos queda cuando observamos el éxito de los otros.[54]

Como puede advertirse, la envidia es un sentimiento complicado, sumamente extendido, que todos experimentamos alguna vez, con una alta dosis de deshonra y carencia de nobleza, y que algunos se empeñan en argumentar que, si bien tiene un rostro dañino, también tiene otro benéfico. Eso nos lo preguntaremos un poco más adelante.

Uno de los casos más memorables por la patente muestra de envidia fue el ataque contra la patinadora norteamericana Nancy Kerrigan, orquestado por su compatriota y que unilateralmente se consideraba su máxima oponente, Tonya Harding. El suceso constituyó uno de los más sonados escándalos deportivos de los años noventa.

Recordemos: Nancy y Tonya eran dos estrellas del patinaje artístico en Estados Unidos, que competían por un boleto para los Juegos Olímpicos de Invierno de 1994, a celebrarse en Lillehammer, Noruega. Siete semanas previas al evento, después un entrenamiento en Detroit, Nancy Kerrigan fue golpeada salvajemente con una barra de hierro en su rodilla derecha con la evidente intención de acabar con su carrera deportiva. Si bien la agresión fue un hecho que recibió la condena inmediata del público, cuando salió a la luz la posibilidad de que fuera planeado por su compañera de equipo dejó con la boca abierta a todo el mundo.

Finalmente se comprobó que el agresor era el exmarido y guardaespaldas de Tonya Harding, auxiliado por un par de personas más y bajo las órdenes de ella. Harding, quien fue

---

54 Rosa Cukier. *Psicosociodrama de la envidia. ¡El que pueda que tire la primera piedra!* AEPP. Revista de psicoterapia y psicodrama. Vol. 1. Núm. 1. 2012. Pág. 3. Visto el 22/07/2024 en: Microsoft Word - 3 Psicosociodrama de la envidia. Rosa Cukier.docx (revistapsicoterapiaypsicodrama.org).

encarcelada durante la investigación, recibió una condena de tres años de libertad condicional, 500 horas de trabajo comunitario y una multa de 160.000 dólares. Además, se le prohibió de por vida volver al patinaje de alta competición en Estados Unidos.

El que envidia está inconforme con sus propias características, pero en lugar de reparar en las posibilidades de superación personal, se detiene frente al espejo con el afán de odiarse. Sus aptitudes le parecen limitadas, insuficientes y hasta inútiles. Aunque de dientes para afuera pretenda halagarse e intentar sentirse seguro, por dentro percibe un crudo desaliento al contemplar sus capacidades. Es incapaz de valorarse con correcta mesura y tiende a denigrarse.

A la vez, el envidioso experimenta un terrible desasosiego con las facultades ajenas. Con un ojo intenta dormir y con el otro observa a quien considera su adversario. Vive mordiéndose las uñas, atento al mínimo movimiento del otro, el centro de su envidia. Si aquel ríe a causa de un logro, el envidioso lo ve como una ofensa directa, llorará de dolor y procurará dañar a quien, según él, lo ha vencido y sólo con el afán de ofenderlo.

Es fácil deducir, pues, que el envidioso no puede disfrutar de sus propios logros ni ser partícipe de los triunfos ajenos. Todo acontecer lo relacionará con sí mismo, teniendo un corazón sumamente narcisista, pero al contrario del auténtico Narciso —que se agasaja con su propia figura— *el envidioso no se ve satisfecho con lo que tiene pues es insuficiente para competir con el adversario.* Por ende, cualquier victoria de los demás y particularmente la del envidiado, le causa severas laceraciones.

Esta humilde descripción palidece ante la magnífica exposición que nos regala Publio Ovidio Nasón en su célebre obra

Metamorfosis, libro en el que nos ofrece diversos relatos de la mitología romana —inspirada en la griega—.

A la *Envidia* —personificación del defecto— la describe Ovidio *comiendo carne de víboras, alimento de sus vicios*. Más adelante complementa el perfil hundiendo hasta el fondo la certera espada de su elocuencia:

> La palidez cubre los rasgos de su rostro, todo su cuerpo está demacrado, su mirada no es derecha, sus dientes están amoratados por el sarro, su pecho está verde por la hiel, su lengua está húmeda por el veneno; desconoce la sonrisa, si no es la que le produce la vista de los padecimientos. No goza de las delicias del sueño, agitada por inquietudes expectantes, sino que ve con despecho los éxitos de los hombres y se consume al verlos. Consume y se consume a la vez y éste es su suplicio.[55]

Envidia viene del latín *in*, poner sobre, ir hacia, y *videre*, mirar. Es decir, la envidia es centrar la mirada en algo determinado, algo que codiciamos. ¿Qué es ese objeto? El sentimiento puede recaer sobre cualquier cosa, tangible o intangible. Se puede sentir envidia por la imagen de alguien, el carácter, el talento, la juventud, el cuerpo, las ideas, las posesiones, la pareja de la otra persona, e incluso, más allá de lo estrictamente individual, en el terreno colectivo, se puede tener envidia de la conformación social, de una ideología, de la política de un país, de su riqueza, del ejercicio del poder.

Algo es innegable: la envidia es enteramente humana. Ha estado presente a lo largo de la historia de la humanidad. En la Biblia se encuentra consignada por los pasajes de Abel y Caín, o de David y Saúl, entre otros.

---

55 Publio Ovidio Nasón. *Metamorfosis*. Estudio preliminar de Francisco Montes de Oca. Ed. Porrúa. Colección Sepan cuantos… 2013. Pág. 42.

Hay que ver qué cosas se pierden con la envidia: la tranquilidad, el sosiego, el compañerismo —siempre se odia a alguien determinado quien, en otras circunstancias y con otra actitud, podría ser nuestro amigo—, el placer de regocijarse con el éxito ajeno y, claro está, la posibilidad de conocernos mejor y llevar nuestra vida por un sendero artístico.

Una de las principales injurias que ocasiona la envidia es el hecho de que el envidiado queda automáticamente atado, contra su voluntad, al envidioso. Resulta muy injusto cuando alguien trabaja con vigor, entregado a lo que hace, ejerciendo su talento con placer, gozando al implementar los conocimientos adquiridos, y su actividad se ve ensombrecida por un envidioso que pone obstáculos tratando de anular a quien, a partir de ese momento, se convertirá en su víctima. Para su infortunio, Nancy Kerrigan estará ligada de por vida, en cierta forma, a Tonya Harding. En la excelente película de culto *Amadeus*, de Milos Forman —basada en la obra teatral de Peter Shaffer y que plantea un hecho completamente ficticio—, Mozart se vincula contra su voluntad con un envidioso Salieri. Otelo ve afectada su exitosa vida por la corrosiva envidia de Yago.

Es verdad que en ocasiones el triunfador se comporta de forma demasiado jactanciosa, pero eso no justificará nunca la envidia y los daños que acarrea.

Es inevitable preguntarse si en verdad existe una *envidia buena* y, en general, si este desprestigiado sentimiento tiene un lado positivo.

Volvemos al artículo de la investigadora Rosa Cukier quien, a su vez, cita una reflexión del autor Eduardo O.C. Chaves. Él asevera que frente a la posibilidad de que los otros puedan ser más felices que nosotros, podemos asumir tres actitudes diferentes:

a. Estimulación. Deseamos ser como los otros, actuar como ellos, poseer las cosas que ellos tienen. Esta actitud es positiva pues impulsa el progreso, el desarrollo humano y estimula la competencia.

b. La resignación. Aceptamos nuestra (real o supuesta) inferioridad. Esta actitud es negativa, pues al momento de la resignación el sujeto deja de dar una contribución para el progreso y el desarrollo humano, llevándolo al estancamiento. No obstante, en la resignación hay inmovilidad.

c. La envidia. Al tomar esta actitud queremos que los otros pierdan aquello que tienen y que nos gustaría que fuese nuestro. Esta postura es solamente negativa, pues lleva a la involución. El envidioso desea el infortunio y la desgracia de aquellos que envidia. Quiere que aquellos que son mejores que él se vean reducidos, primero, a su nivel, y luego, más abajo.[56]

Por su parte, Fernando Savater, en su estudio sobre los pecados capitales, lanza la interesante tesis de que la envidia, más que ante un vicio de carácter, constituye una virtud. Y no una cualquiera, sino la más democrática de todas.

Savater explica que gracias a la envidia la gente busca la igualdad. Vivimos en un mundo injusto y la envidia nos hace actuar con el afán de evitar que otros tengan más derechos que uno. *Al ver un señor que ha nacido para mandar dices, «¿por qué estás tú allí y no yo? ¿Qué tienes que yo no tenga?*[57]

Consecuentemente —siguiendo esta línea de pensamiento—, la envidia estaría en la base de la democracia y sirve para

---

56 Rosa Cukier. Artículo citado. Pág. 4.

57 Fernando Savater. *Los siete pecados capitales.* Ed. DeBolsillo. 2016. Pág. 136-137.

aceitar los mecanismos del sistema social. Siempre habrá *envidia* democrática y, por ende, el poderoso no podrá actuar a su antojo. Sin la envidia la democracia es inoperante, según Savater.

A mi modo de ver, es conveniente intentar una clara definición de los elementos integradores de la envidia, esto con el afán de no confundirla con sentimientos y emociones fronterizos. —De hecho, aprovecharé este momento para decir que *sentimiento* y *emoción* no son exactamente lo mismo, aunque en este escrito los hemos ocupado como sinónimos. *Sentimiento* tiene un matiz más espiritual mientras que *emoción* es más corporal—.

En la envidia, en efecto, hay en principio una admiración por las características o las propiedades del otro. Además, se desea tener lo que no se tiene y esa otra persona, según nosotros, sí lo ha conseguido. Empero, el deseo conlleva el dolor de la carencia y la ira por lo que el envidioso considera una injusticia, tanto así, que quiere dañar al centro de su envidia. Para rematar, el envidioso por lo regular supondrá que una fuerza superior ha favorecido al otro únicamente con el afán de perjudicarlo.

Si atendemos a estos ingredientes, lo que Savater considera *envidia democrática* también podría ser denominada la más básica aspiración de justicia social. Creo que no sería totalmente exacto calificar de *envidioso* a un pueblo que cuando solicita pan le espetan con soberbia «pues que coman pasteles». No estoy seguro que haya innoble *envidia* en un pueblo sojuzgado que busque encarcelar a una caterva de gobernantes corruptos y que busque una repartición más equitativa de lo que a todos les pertenece.

Cuando se admiran las cualidades del otro, más que mover a la envida se puede buscar *emular*. Así lo explica el propio Savater. Estamos ante uno de esos términos parecidos y que vale la pena discernir para evitar confusiones. *Emular* es distinto que *envidiar*, aunque se trate de la llamada *envidia de la buena*. Yo admiro profundamente a Savater, me encantaría emularlo, pero no sentiría por él la más mínima envidia, tal y como él mismo califica sus sentimientos hacia Cabrera Infante.

El envidioso se aleja del proceso de autoconocimiento en la medida que el foco de su atención está puesto con intensidad en el que considera su oponente. La tristeza por las venturas ajenas y el anhelo por ver sufrir al objeto envidiado provocan perder la brújula de la introspección. Por añadidura, el envidioso repara en sí mismo sólo para menospreciarse. En verdad, como se ha dicho por ahí alguna vez, el envidioso puede llegar al grado de tenerlo todo y ser profundamente infeliz por estar más atento a lo que pasa en la acera de enfrente.

Es difícil trabajar contra la envidia pero es algo que puede y debe hacerse. Los especialistas aconsejan un acto honesto de sinceridad reconociendo cuando esa emoción aparece; además, debemos hacer esfuerzos por reconocer la valía de los otros, alegrarnos con sus triunfos pensando que en algún momento vendrán los nuestros y, sobre todo, tener claro que la principal competencia está en nuestro fuero interno, en un constante proceso de superación de los talentos, las habilidades y las capacidades que tenemos.

Hasta aquí, querido José Arturo, jóvenes, el tema de la envidia.

Los enojones… al banquillo

Veamos un poco sobre *la ira*.

Lucio Anneo Séneca nació en la antigua Roma, cuando Córdoba era parte del Principado, en el año 4 a.C. y se suicidó estoicamente en el año 65 d.C. Fue un excelso orador —atrayendo las envidias de Calígula—, un activo abogado y funcionario público, un apasionado dramaturgo, pero sobre todo, un agudo filósofo.

Uno de sus principales tratados es el que le dedica a la ira y comienza de la siguiente manera:

> Me exigiste, caro Novato, que te escribiese acerca de la manera de dominar la ira, y creo que, no sin causa, temes muy principalmente a esta pasión, que es la más sombría y desenfrenada de todas. Las otras tienen sin duda algo de quietas y plácidas; pero esta es toda agitación, desenfreno en el resentimiento, sed de guerra, de sangre, de suplicios, arrebato de furores sobrehumanos, olvidándose de sí misma con tal de dañar a los demás, lanzándose en medio de las espadas, y ávida de venganzas que a su vez traen un vengador. Por esta razón algunos varones sabios definieron la ira llamándola locura breve; porque, impotente como aquélla para dominarse, olvida toda conveniencia, desconoce todo afecto, es obstinada y terca en

> lo que se propone, sorda a los consejos de la razón, agitándose por causas vanas, inhábil para distinguir lo justo y verdadero, pareciéndose a esas ruinas que se rompen sobra aquello mismo que aplastan. Para que te convenzas de que no existe razón en aquellos a quienes domina la ira, observa sus actitudes. Porque así como la locura tiene sus señales ciertas, frente triste, andar precipitado, manos convulsas, tez cambiante, respiración anhelosa y entrecortada, así también presenta estas señales el hombre iracundo. Inflámanse sus ojos y centellean; intenso color rojo cubre su semblante, hierve la sangre en las cavidades de su corazón, tiémblanle los labios, aprieta los dientes, el cabello se levanta y eriza, su respiración es corta y ruidosa, sus coyunturas crujen y se retuercen, gime y ruge; su palabra es torpe y entrecortada, chocan frecuentemente sus manos, sus pies golpean el suelo, agítase todo su cuerpo, y cada gesto es una amenaza: así se nos presente aquel a quien hincha y descompone la ira.[58]

Los especialistas consideran a la ira una de las emociones básicas del ser humano. Posee una serie funciones que propician nuestra adaptación y estado de alerta para diversas situaciones que exigen de autoprotección, así como la regulación de nuestras relaciones interpersonales y sociales en las que debemos responder mediante roles asumidos.

La ira tiene una multitud de sinónimos: enojo, furia, rabia, cólera, enfado, bronca, coraje, corajina, disgusto, arrebato…

Miguel Pérez Nieto, Marta Redondo y Leticia León, en su artículo *Aproximaciones a la emoción de la ira: de la conceptualización a la intervención psicológica*, citan al psicólogo Carrol Izard, quien definió a la ira como *una emoción primaria que se presenta cuando un organismo es bloqueado en*

58 Lucio Anneo Séneca. *De la ira*. Biblioteca Virtual Universal. 2003. Visto el 23/07/2024. DE LA IRA (seducoahuila.gob.mx). Pág. 2.

la consecución de una meta o en la obtención o satisfacción de una necesidad.[59]

Se dice, pues, que ante la percepción de un ataque existen dos posibles respuestas: la defensa mediante el contraataque, o la huida, relacionada con el temor. Como afirmó Séneca, y más recientemente coincide la moderna psicología, la ira se caracteriza por una definida activación física; es decir, se dan determinados síntomas psicológicos y fisiológicos que pueden redundar en actos dañinos tanto para otros seres como para el propio individuo.

Al parecer esta reacción está conformada por otra serie de estímulos que van desde la frustración, la hostilidad, la inconformidad y/o varios tipos de malestar, todo ello provocando enfados de diversos tipos de intensidad, duración variable y que llevan a una valoración negativa de los demás. Dicha conducta va a derivar en el intento de causar daño a lo que se considera hostil, ya sea personas o cosas. El iracundo es absorbido por un estado de irritabilidad hacia algo o alguien; en algunos casos podría anticiparse el grado de enojo y, a la par, tener un aproximado del tiempo de duración; en otros, los riesgos consisten, precisamente, en que se desconocerían ambas variables: podría tratarse de un enojo de mayor o menor grado y de un estallido corto, o quizás perdurable.

Un rasgo importante es que la ira siempre será provocada por un hecho producido por otra persona o por un evento externo. Puede ser que en ocasiones esté causada por frustraciones personales, lo cual también será origen de iracundia, pero muchas veces ese sentimiento estará complementado con la

---

59 Miguel Pérez Nieto, Marta Redondo y Leticia León. *Aproximaciones a la emoción de la ira: de la conceptualización a la intervención psicológica.* Tomado 21/10/2017 de Revista Electrónica de Motivación y Emoción. Vol. XI. Junio 2008. Número 28. Aproximaciones a la emoción de ira: de la conceptualización a la intervención psicológica (uji.es). Pág. 3.

atribución de culpas ajenas. «Reconozco que cometí un error... pero las cosas me orillaron y eso me hace rabiar».

El concepto de *agresividad* puede tener matices positivos. Se aconseja ser *agresivo* en determinados momentos de la vida: jugar *agresivamente*, elaborar estrategias *agresivas* en los negocios, implementar políticas *agresivas* contra la delincuencia, elaborar planes de publicidad *agresiva*, y muchos ejemplos más. En la vida, en ocasiones nos hace falta una buena dosis de agresividad para conseguir nuestras metas. Ser excesivamente bonachón puede ser contraproducente. En ciertos momentos —como ejemplifica el pasaje bíblico— es impostergable la necesidad de correr a latigazos a los mercaderes que invaden el templo.

Ahora bien, la ira es aceptable en la divinidad. Así, se habla de la *ira de Dios* como elemento que configura su gloria. Pero en el ser humano es concebida como pecado capital, y en general, como una emoción sumamente tóxica. Esto es así porque en el núcleo de la ira radica una intolerancia hacia la conducta ajena o hechos externos y que se origina en una frustración propia.

La ira nos obliga a descargar nuestra energía contra el objeto por el que sentimos aversión y resentimiento porque nos bloquea una meta. Creemos que ese *algo,* o ese *alguien,* se interponen entre nosotros y lo que deseamos; entonces arremetemos incontenIblemente contra lo que consideramos que nos hace daño o nos estorba.

Si por un lado, cuando caemos presas de la ira intentamos amenazar o agredir a quien hemos nombrado como nuestro oponente, también es cierto que experimentamos trastornos en nuestra salud, tanto física como psicológica. La frustración que produce la rabia puede traer terribles consecuencias. Gran parte de nuestra educación está enfocada al control de ese impulso. Debemos dejar muy claro que, al ser una emoción básica, primaria, central, todos la experimentamos. El caso es descubrir modos de canalización o de control, aunque lo primero es descubrirla.

Enfaticemos: toda ira es contra algo o alguien. ¿Y quiénes pueden ser esos oponentes? Vayamos desde los círculos concéntricos más amplios a los más cerrados.

Se siente ira contra el universo. Partimos de la idea de que pudimos haber surgido en un entorno ideal, óptimo, casi perfecto, pero la realidad no ha sido la mejor e, incluso, se ha ido deteriorando. Todo es una porquería: el día, la noche, las estrellas, el sol, el destino, las circunstancias, los hechos, el pasado, el presente y el porvenir, el ser humano… Nada tiene arreglo. Todo apesta. Y lo peor es que todo se agrava. Cada día se añade una capa más de estiércol al mundo. Y eso nos hace enojar. Todo es injusto. Tenemos razón. No hay solución posible. El universo, el planeta, la humanidad, lo que nos rodea, el mismo tiempo y el espacio completo, todo es una miseria.

Lo sé: las frases que acabo de plantear constituyen algunos de los muchísimos argumentos que esgrimimos cuando sentimos ira contra el universo, contra el destino, contra lo que nos tocó vivir.

Algunas veces enfocamos la mira del enfado contra la divinidad, contra Dios, contra los asuntos sagrados. No todas las personas lo hacen… pero hay muchas que sucumben a la tentación. Es lo que se conoce con el nombre de *blasfemia*. Para mucha gente resulta paradójico que una de las culturas más religiosas, como la española, posea en su lenguaje cotidiano una serie de agudas blasfemias y que las expresen con tanto desenfado. Entre esas personas se encuentra Luis Buñuel, y esto es lo que afirma en su texto autobiográfico *Mi último suspiro*:

> El idioma español es, ciertamente, el más blasfematorio del mundo. A diferencia de otros idiomas, en los que juramen-

tos y blasfemias son, por regla general, breves y separados, la blasfemia española asume fácilmente la forma de un largo discurso en el que tremendas obscenidades, relacionadas principalmente con Dios, Cristo, el Espíritu Santo, la Virgen y los Santos Apóstoles, sin olvidar al Papa, pueden encadenarse y formar frases escatológicas e impresionantes. La blasfemia es un arte español.[60]

¿Por qué se insulta a la divinidad? Al parecer, en un proceso un tanto vanidoso, nos colocamos en el centro de la realidad. Sentimos que, si bien el Dios o el santo o el ser celestial que adoramos tiene ojos para cualquier criatura, debe guardar un especial afecto por nosotros, debe cuidarnos, protegernos, proveernos de todo cuanto le pedimos, en especial porque nos hemos portado bien y hemos obedecido sus reglas. Al menos eso creemos. Mediante ese mecanismo de equilibrio lógico por el cual *si hacemos una cosa bien nos convertimos en merecedores de una recompensa en iguales o mayores proporciones*, esperamos que de un momento a otro llegue el premio. Y pasan los días y el regalo no llega. Y rezamos con más enjundia, ya no pidiendo, exigiendo lo que suponemos que nos es debido. Y pasan los días y el premio no llega. Es entonces que consideramos que se nos está realizando una injusticia y discutimos con ese espíritu, o espíritus, a fin de lograr que se den cuenta de su error y lo corrijan. Y pasan los días y el premio sigue sin llegar. Ahí es cuando perdemos la compostura y, presas de ira, soltamos reclamos revestidos de resentimiento contra quien o quienes tuvieron a su cargo —según la religión que se profese— la creación del universo.

En otras palabras, si en el universo observable hay 100 mil millones de galaxias y en cada galaxia hay un promedio de 300 millones de estrellas, y en nuestro planeta hay actualmente

60 Luis Buñuel. *Mi último suspiro*. Ed. Debolsillo. 2008. Pág. 136.

—2024— cerca de 8000 millones de habitantes, y todo lo creado surgió hace unos 13,800 millones de años, aún y con todo eso... la divinidad tiene la indeclinable obligación de fijarse en MÍ y en mis problemas.

No sé lo que pienses, pero me parece que ante lo inconmensurable del espacio y del tiempo, una forma quizás más conveniente de enfrentar la existencia podría ser mediante una permanente gratitud y un enorme gozo por el hecho de estar. Eso no obsta para que el creyente continúe confiando en la tradición de la oración —que, por otro lado, hemos afirmado que tiene efectos similares a las prácticas meditativas—. Para mucha gente el rezo conlleva un contacto estrecho con la divinidad y la ayuda a encontrar sentido a algunos aspectos de la vida.

Por otra parte, el insultar a dioses o santos pertenecientes a otra religión implica la reducción de un ejercicio espiritual con posibilidades benéficas, a una creencia sectaria muy similar a la decantación por este o aquel partido político. «El dios en el que yo creo sí trabaja bien... el tuyo, no»; «este libro sí posee la verdad... el tuyo, no». Lo realmente grave son los ríos de sangre que han corrido y seguirán corriendo por el intento de imponer alguna creencia religiosa y el odio que despiertan los que no comparten nuestros mismos sentimientos espirituales.

Otra forma común de ira es la que se dirige contra la sociedad, contra otra nación, contra otras ciudades, contra algunos que no son de nuestra misma raza, incluso contra las personas con las que convivimos a diario. Los detestamos porque están ahí, porque no son como yo creo que deberían ser, porque no piensan como queremos que lo hagan, porque tienen lo que yo deseo, y en el fondo, con mucha frecuencia, porque les temo.

Vivimos en una lucha constante por la autoafirmación y la conservación, así como la obtención de ingredientes que nos hagan placentera la existencia. Al momento del contacto con el mundo exterior, con el *otro*, nos percatamos que en gran medida ese otro se interpone en nuestro camino. Nos estorba. Es así como buscamos destruirlo, o por lo menos anularlo. El *otro* es el enemigo.

En un célebre artículo periodístico, Umberto Eco hizo la siguiente afirmación:

> La historia de nuestra especie ha estado marcada más por el odio, las guerras y las matanzas que por actos de amor, que son inherentemente menos cómodos y también bastante fatigosos si se extienden más allá del círculo inmediato de nuestro egoísmo. Nuestra atracción por los deleites del odio es tan natural que los líderes manipuladores no tienen el menor problema para cultivarlo; mientras tanto, en ocasiones parece que somos alentados a amar sólo por personajes ficticios nada atractivos que tienen el hábito desconcertante de besar a leprosos.[61]

Es verdad: la ira colectiva ha ocasionado cruentas guerras. Hay quienes afirman que la Historia Universal es el recuento pormenorizado de un sinnúmero de batallas y millones de muertos. Consideramos que un *Héroe* —así, con mayúscula— es quien ha eliminado a una larga lista de personas del bando contrario. En nuestra cultura, llena de contradicciones, cientos de veces hemos honrado a quien tiene las manos empapadas de sangre. Tantas guerras que ponen en entredicho que alguna vez se haya entendido el concepto de civilización.

Propongo que tú y yo hagamos sistemáticamente un acto de honesta introspección para averiguar si esa ira —al grado que fuere— se halla presente en nuestra vida diaria. Tal vez no nos demos cuenta y, subrepticiamente, misteriosamente,

---

61 Umberto Eco. *De la estupidez a la locura. Crónicas para el futuro que nos espera*. Libro póstumo. Trad. Helena Lozano Miralles y María Pons Irazazábal. Ed. Lumen. 2016. Pág. 249.

inadvertidamente, se nos cuela en el alma un sentimiento de rivalidad hacia los demás, aquellos que vemos como una masa execrable. Es evidente que ese tipo de sentimientos redundan en nuestro alejamiento para saber lo que somos, lo que en verdad queremos, lo que anhelamos ser.

Si en los casos expuestos hasta este momento el germen de la ira es muy intrincado, el asunto se agrava cuando aparece la aversión hacia la familia.

Un sinnúmero de ocasiones el centro de la ira se cierne sobre la gente de nuestra misma sangre. El entorno familiar es determinante para el adecuado desarrollo de una persona. Ahí recibimos la educación emocional. Idealmente debe prevalecer la comunicación, la armonía y el entendimiento.

Pero las cosas nunca son tan simples. Con frecuencia lo que aparecen son discusiones, diferencias, conflictos de toda clase. En el íntimo círculo de padres y hermanos reaccionamos con suma hipersensibilidad. Es posible que alguna persona cualquiera nos sugiera corregir cierta conducta y no nos importe demasiado; pero si esas palabras provienen de la madre, el padre o un hermano o hermana, el significado de tales recomendaciones adquiere valores distintos, quizás de colores más intensos.

La dimensión emocional en el ambiente familiar regularmente será más grande que en otros círculos y, por supuesto, estará impregnada de una mezcla de sentimientos que comprenderán el amor, el enojo, la confianza, el rencor, en ocasiones la rabia, y muchas veces la culpa.

Me atreveré a decir un lugar común, una frase muy hecha pero no por ello menos cierta: es posible que un jefe de oficina haya estudiado cómo manejar los recursos humanos; por su parte, padres y madres, hijas e hijos, por supuesto jamás recibirán una preparación para su desempeño. A lo sumo se copian modelos, se reproducen cánones, se aprende en la marcha y con base en el error. Podríamos afirmar que el control de los sentimientos tal y como lo aconseja Daniel Coleman en su libro *Inteligencia Emocional* no se ha generalizado hasta este momento y socialmente sigue siendo un reto a conseguir.

La ira y las conductas agresivas dentro de las familias han llevado a establecer en muchos códigos un delito en concreto, la violencia intrafamiliar, que se define como 'un acto de poder u omisión intencional, dirigido a dominar, someter, controlar o agredir física, verbal, psico-emocional o sexualmente a cualquier integrante de la familia, dentro o fuera del domicilio familiar, por quien tenga o haya tenido algún parentesco por afinidad, civil, matrimonio, concubinato o a partir de una relación de hecho y que tal acto u omisión tenga por finalidad y efecto causar un daño'.

Suele suceder que una persona reprima conductas en los diversos roles sociales que desempeña, pero dentro del ámbito íntimo de la familia cambie radicalmente y de rienda suelta a la agresividad que no muestra en otros espacios. En la familia se condensan errores, vicios y defectos sociales. El machismo, la discriminación, el favoritismo, la corrupción, la manipulación. Claro, también se resaltan virtudes y cualidades. Todo depende de la educación que se imparta, las reglas que se observen, los valores que prevalezcan, tanto social como familiarmente. Lo que no podemos negar es que en nuestra estrecha tradición familiar la ira es un ingrediente común. Para 2021, en nuestro país, del total de mujeres de 15 años y más, 70.1% han experimentado al menos un incidente de violencia doméstica.

En México siempre hemos sido orgullosos de la tradición familiar. Creo que, si hacemos caso a este tipo de estadísticas, deberíamos revisar seriamente los valores que promovemos dentro de cada familia y descubrir y plantear soluciones a la violencia intrafamiliar que prevalece en muchos hogares.

En el fondo de la ira, así sea dirigida contra cualquier agente externo, yace un impulso originado por la frustración, el rencor y el resentimiento. Pero más que dirigirlo contra los otros, hay que buscar el germen en uno mismo. La aversión hacia los demás nace de un odio hacia sí mismo, o termina en él. La ira es altamente tóxica porque, además de atentar contra los demás, acaba con el que la siente. No sólo obnubila, eliminando la posibilidad de buscar lo que somos, lo que queremos, como podemos servir mejor a los demás. Por añadidura nos destruye, arrastrándonos con su alta dosis de violencia y depresión. La ira anula la personalidad. Nos provoca distorsionar la imagen que tenemos de los otros, y por supuesto, la imagen que pudiéramos tener de nosotros mismos.

El enojo constante causa irreparables daños físicos y psicológicos. Hace que la gente se aleje, huya del que la padece. Si bien es cierto que es un sentimiento primario con funciones de conservación y adaptación, cuando se transforma en una emoción que se introduce en el fondo de una persona convirtiéndose en su rasgo particular, se debe trabajar para su correcto manejo. Ver el mundo a través de la ira nos estanca, nos aniquila, y tenemos que advertir su presencia a fin de trabajar en su erradicación. Es difícil contenerla, pues puede ser que tarde o temprano estalle con furia. Es posible que una solución sea, en casos recurrentes y severos, la búsqueda de ayuda especializada con el objetivo de canalizar de forma óptima el sentimiento mediante estrategias inteligentes. El caso es advertir que la ira, José Arturo, jóvenes, evita de manera rotunda que nos alcancemos a conocer mejor y, por ende, a llevar una vida creativa.

Cuando nos lleva la tristeza

Te recuerdo que estamos tratando las emociones que nos impiden abordar de frente el proceso de autoconocimiento. Se me ocurre que ahora podríamos hablar algunas cosas sobre otro de los enormes obstáculos para el autoconocimiento: *la depresión.*

Por lo común a la depresión se le liga con sentimientos afines, como la melancolía y la tristeza. La Real Academia Española nos da tres diferentes acepciones de melancolía: a) Tristeza vaga, profunda, sosegada y permanente, nacida de causas físicas o morales, que hace que quien la padece no encuentre gusto ni diversión en nada; b) En medicina, monomanía en que dominan las afecciones morales tristes; c) Bilis negra o atrabilis —término en desuso—.

Por su parte, la tristeza es un término que designa la cualidad de triste y se refiere a una sensación o emoción básica. Consiste en un estado de ánimo negativo en el que la persona que lo experimenta se siente abatida, propensa al llanto, con una autoestima disminuida y un débil apego a la vida.

La *depresión* será un término clínico y que define una sintomatología más aguda y permanente en la que, el que la padece, no tiene conciencia de las causas que lo llevaron a ella; la *tristeza* tiene grados más tenues e implica un dolor anímico que se manifiesta en un estado pesimista y es causado por una adversidad conocida y concreta; la *melancolía* es un concepto que está más cercano a la depresión y su uso está muy extendido en el arte y la literatura. Así, se habla de tal o cual expresión melancólica en la música o en la pintura. Si una canción es melancólica puede poseer singular belleza; si es depresiva... mejor no la escuchamos. Si es deprimente... menos.

A estos términos podemos añadir otros similares como nostalgia, pena, desilusión, desánimo, pesimismo, duelo, apatía, y los términos casi en desuso *spleen* —término preferido durante la época del Romanticismo— y acidia —más ligado a la pereza—.

Para nuestras reflexiones ocuparemos indistintamente los términos depresión, melancolía y tristeza. Ruego se me perdone si caigo en error.

La melancolía es tema de poetas. Si bien es verdad que hay excelentes expresiones líricas sobre emociones vibrantes y positivas, un enorme territorio de la poesía es cubierto por la tristeza. Te invito a que tengas a la mano un pañuelito desechable y leas los siguientes versos, obra de Rubén Darío.

MELANCOLÍA

Hermano, tú que tienes la luz, dime la mía.
Soy como un ciego. Voy sin rumbo y ando a tientas.
Voy bajo tempestades y tormentas
ciego de sueño y loco de armonía.

Ése es mi mal. Soñar. La poesía
es la camisa férrea de mil puntas cruentas
que llevo sobre el alma. Las espinas sangrientas
dejan caer las gotas de mi melancolía.

Y así voy, ciego y loco, por este mundo amargo;
a veces me parece que el camino es muy largo,
y a veces que es muy corto...

Y en este titubeo de aliento y agonía,
cargo lleno de penas lo que apenas soporto.
¿No oyes caer las gotas de mi melancolía?[62]

Se dice que la depresión es una emoción que está presente desde nuestros orígenes y que tiene una finalidad comunicativa tendiente a llamar la atención de los demás componentes de la tribu para que cuiden de una víctima. En el núcleo de un cuadro depresivo invariablemente hay una pérdida, una relación disuelta, una carencia no satisfecha.

A fines del siglo XIX un psiquiatra alemán, Emil Kraepelin —considerado el padre de la psiquiatría moderna—, estableció la diferencia entre *demencia precoz* —ahora conocida como esquizofrenia— y la enfermedad *maniaco-depresiva*. Este término obedeció a que, en los primeros estudios psiquiátricos, se creyó advertir estados cíclicos en los que se alternaban una exultante euforia y una honda depresión. Por ello también hubo una época —debido a la clasificación de psicosis del psicólogo Karl Leonhard— en que a esta afección se le denominó *bipolaridad*, y en contraposición, quienes sólo estaban afectados por la depresión se les llamó *monopolares*.

La depresión es el más común de los trastornos psicológicos. Así mismo, es muy peligroso pues es la causa de múltiples suicidios.

Los psicólogos acostumbran distinguir a la tristeza como un síntoma de los muchos que puede presentar un cuadro propiamente llamado *depresivo*. La tristeza —como vimos líneas

---

62 Rubén Darío. *Poema Melancolía*. Tomado el 28/07/2024 de Ciudad Seva: http://ciudadseva.com/texto/melancolia-2/.

arriba— puede ser pasajera, pero si persiste en el tiempo, y a ella se añaden otros síntomas físicos y mentales, entonces podría valorarse la posibilidad de estar frente a una depresión. En lo que aún no se ponen de acuerdo los especialistas es en cuándo una depresión es simplemente un estado de ánimo cotidiano y cuándo entra en la fase de trastorno clínico. En mucho depende la intensidad y persistencia del malestar y, obviamente, las características de la persona. Igualmente hay controversia en cuanto a los factores biológicos y psico-sociales.

En la melancolía hay con frecuencia una cadena de pensamientos obsesivos, recurrentes, en los que se presentan recriminaciones hacia la propia conducta o hacia el destino que se calificará de inexorable. Por lo general esos reproches son ofensivos y difíciles de justificar pues al estar inmerso en la depresión los hechos no son vistos con entera objetividad.

En efecto, el melancólico se flagela con pensamientos críticos, deprimentes, que alteran la situación original, dando a quienes han protagonizado los acontecimientos, los roles de *víctima* y *victimario*. Por lo general, aunque no siempre, el deprimido es la víctima y su autoestima desciende varios grados.

Más aún: el deprimido se deja envolver —o propicia dejarse llevar— por un remolino de pensamientos lacerantes que muchas veces derivan en la autodestrucción. Si nadie, ni siquiera el propio destino, nos supo valorar en nuestra verdadera dimensión, es mejor desaparecer. «El mundo estaría mejor sin mí. No hago falta. Yo estorbo. Nadie me necesita. No tiene caso hacer nada. Quizás la vida sea hermosa... pero no la merezco y debo salir de aquí». En otras palabras, esos pensamientos que roen el cerebro son los que dan pie a la conducta tipificada como maniática.

Deseo resaltar que cuando aparece un fuerte cuadro de depresión patológica —debido a su intensidad y persistencia, ya sea por causas hereditarias, endocrinas, biológicas o psicológicas—, se debe recurrir a los cuidados de un especialista, *pues se debe vigilar de manera muy estrecha ya que los riesgos son altos.*

A lo que en este momento me quiero referir es a la melancolía que nos ataca en ocasiones en nuestra vida cotidiana y debemos enfrentar con el objetivo de no dejarnos abatir y poder buscar una vida estética.

Ese tipo de tristeza igualmente nos desarma, nos desalienta y nos evita la posibilidad de seguir actuando en la consecución de nuestros fines. En estados de depresión se suele atentar contra el cuerpo de diversas maneras, por ejemplo, se pierde el apetito o, por el contrario, se cae en un descontrol en la forma de comer. Muchos casos de obesidad son por depresión. Lo mismo podemos mencionar en cuanto a las alteraciones del sueño. Tanto un insomne como una persona que cae presa de la acidia —tal y como lo aludimos líneas arriba— pueden ser víctimas de la depresión.

Idealmente, cuando alguien ha sufrido pérdidas, graves tropiezos, fracasos, desilusiones, una reacción adecuada sería la búsqueda de compañía, de ayuda, de consuelo. Como puede intuirse, la comunicación es importante.

Pero no todos lo hacen, o no todo el tiempo. La tristeza y la soledad pueden convertirse en un círculo vicioso. El deprimido termina por aislarse, incluso de manera deliberada, y en el ostracismo nadie lo podrá ayudar.

En la vida del melancólico, el abatimiento no se quedará en un único aspecto sino que se irá trasminando al resto de compartimentos que conforman la existencia. Si no se le pone un oportuno alto, la sombra de la pesadumbre avanza de forma constante. Peor aún: el deprimido puede llegar a encontrar plena justificación de su estado al grado de, muy en el fondo, disfrutar su depresión.

Como ya hemos esbozado, una de las repercusiones más evidentes de un fuerte cuadro de tristeza es el desaliño, el desgano, la disminución de la vivacidad, la pérdida del entusiasmo por la actividad diaria y el corte de comunicación con la gente que nos rodea. Se puede llegar a niveles poco entendibles. Gente que se recluye en sus casas días enteros, sin importarles perder el empleo, alimentándose de poca comida, o por el contrario, ingiriendo gran cantidad de calorías, sin bañarse, sin asear la habitación, casi en un estado vegetativo, la mente dándole vueltas y más vueltas a los motivos del dolor.

Ahora bien, no necesariamente se llega a grados tan explícitos y eso convierte la depresión en un padecimiento engañoso. Podemos convivir con una persona que no da muestras fehacientes de estar aquejada de una honda tristeza y, sin embargo, tener una crisis aguda.

Los motivos que conducen a una persona a caer en la melancolía son múltiples y van a consistir tanto en causas concretas, como en interpretaciones y valoraciones subjetivas. Lo que para él o ella puede ser una poderosa razón para deprimirse, tal vez para otro u otra no lo sea.

Hay quienes son propensos a la depresión, así como existen personas que son más resistentes. Por lo regular detrás de una fuerte caída hay acontecimientos tales como la pérdida de un familiar, el quebranto o la amenaza a la salud propia o de alguien cercano, el duelo en la relación de pareja, el dolor por carecer de empleo o haberlo perdido, la ausencia de amigos... Y hay quienes, de manera fundamentada, pueden sucumbir a causa de alguna situación mundial, por una guerra, un atentado criminal, por la extinción de fauna o flora, el cambio climático, la hambruna en determinado país o territorio.

Los especialistas advierten que no es muy común que un fuerte estado melancólico —a nivel clínico— se cure sin un correcto tratamiento. El deprimido pueden implementar por sí solo alguna clase de estrategia intentando vencer su estado pantanoso ya sea mediante pensamientos positivos y entusiastas, auto-convencimientos sobre el valor de la vida, e incluso hay quienes recurren a la ingesta de vitaminas aunada a la práctica de ejercicio. Sin embargo, se debe estar muy alerta pues, de tratarse de una persona proclive a graves caídas depresivas, hay que buscar *terapias profesionales adecuadas*.

Una pregunta ha estado presente en el devenir de la filosofía: ¿la melancolía trae beneficios? Citaremos en primer lugar a Aristóteles, quien en un texto atribuido a él, *Problemata XXX, 1*, afirma que *todos los hombres excepcionales son melancólicos* y menciona, como grandes ejemplos, a Sócrates, Empédocles y Platón. Como se puede advertir, Aristóteles relaciona a la melancolía con el genio y la facultad creadora.

Como deduce Célida Godina Herrera, profesora de filosofía de la BUAP, Aristóteles afirma que *los melancólicos son originales y extraordinarios porque tienen una disposición natural a la concentración reflexiva.*[63]

En el Renacimiento —nos informa la Dra. Godina— se considerará la melancolía una superioridad del espíritu y *el melancólico no será más un hombre triste, sino un hombre sagaz, juicioso.*

Para la modernidad, la tristeza será vista como *una vivencia triste, de desgarramiento, en permanente interioridad*. El melancólico se siente poco apto para la acción, pero nadie como ellos para la imaginación desbordada —para bien y para mal—. Durante el Romanticismo, el melancólico se asume como el legítimo depositario de los sentimientos de la humanidad.

Siguiendo con las ideas plasmadas por la Dra. Godina, el melancólico tiene la virtud de retraerse del mundo para protegerse de él y contemplarlo de manera más diáfana. Al ser poseído por pensamientos recurrentes, él es capaz de reflexionar con profundidad y comprender mejor la realidad circundante.

---

63 Célida Godina Herrera. *Sobre la melancolía*. BUAP. Revista de filosofía La lámpara de Diógenes. Año/Vol. 3. Número 5. 2002. Pág. 36.

El melancólico advierte primero que nadie la vacuidad de una situación, el absurdo comportamiento humano, el sinsentido de ciertos hechos. Su aislamiento no sólo es por reproche; es por protección. Se aparta para no dejarse llevar por la vorágine de lo mundano. Así, la soledad no es en sí un vicio sino una cualidad. Una torre para observar y juzgar mejor. Y no sólo eso: el melancólico, en su tristeza, protesta por lo vacío del mundo, lo denuncia y en el fondo anhela que las cosas cambien, mejoren. En el núcleo de la melancolía vive una escéptica esperanza que es impulsada por el certero conocimiento de lo humano.

Esta idea creativa de la melancolía es la que subyace en innumerables obras artísticas, desde *Hamlet*, *Don Quijote de la Mancha*, *La vida es sueño*, *Las penas del joven Werther*... hasta millares de poemas, melodías, obras plásticas.

Para que se dé ese fenómeno es indispensable que haya dos momentos: en el primero, el individuo se hunde en el pensamiento melancólico, se deja abatir, se enreda en la obsesión de las ideas sombrías; en el segundo, surge la necesidad de plasmar lo hallado, de comunicarlo, ya sea a los demás, o sólo a sí mismo. La melancolía ha dado al mundo obras de arte de calidad inconmensurable. En otras palabras, la voluntad conoce dos fases: en una se debilita, en otro impulsa a la creación.

Pongo fin a las reflexiones sobre la tristeza, amado José Arturo, queridos jóvenes, con una frase de Stendhal: *Las gentes proclives a la melancolía son las más aptas para el amor.*

Navegar en la superficie

Te invito a que ahora le echemos un vistazo a otro obstáculo para el autoconocimiento. Dirigiremos nuestros pasos por el filo de un camino difícil de andar: *el ser superficial.*

¿Por qué digo que es difícil? Para empezar, muy pocos pensadores le han dedicado algo de su tiempo al análisis de este tema, o por lo menos no es muy frecuente encontrar literatura al respecto. Se acostumbra tocar la superficialidad, la frivolidad, la banalidad, la trivialidad, de manera tangencial al tratar otro tipo de asuntos.

Por lo demás, la definición de *superficial* es poco clara. ¿Qué es ser superficial? ¿Quiénes pueden ser catalogados como superficiales? ¿Una persona es enteramente superficial o únicamente en determinados momentos? ¿Alguien que consideramos superficial podría ser, en su vida íntima, sumamente profundo? ¿Cuáles son los parámetros que definen a alguien como profundo y cuáles serán los que determinan a quien es superficial? ¿Quién se puede erigir con la calidad moral o intelectual necesaria para manifestar que los otros son superficiales?

Como puedes advertir, la tarea no es nada fácil y existen enormes riesgos de perpetrar diversos errores, injusticias e imprecisiones. Trataré de no cometer destrozos.

En el más simple de los ejercicios de opuestos podremos afirmar que el ser *superficial* tendrá su antagónico en el ser *profundo*. El superficial se queda en la epidermis de las cosas, en la piel, en lo exterior. Por contrapartida, el profundo penetra al fondo de las investigaciones, intenta recorrer las venas, las cavidades, lo esencial.

Esto nos dice que las cosas ofrecen por naturaleza una doble visión: su exterioridad y su interioridad. Generalmente se acepta que para conocer la esencia de algo es importante no quedarse sólo en una apreciación externa de aquello que desea investigarse sino que lo relevante es adentrarse hasta las entrañas del asunto por indagar.

La prioridad del superficial será tocar algo por encima y así se dará por satisfecho; el profundo tendrá la necesidad de analizar, desmenuzar, saber las causas de los fenómenos.

Como afirma el Doctor en Teología Padre Miguel Ángel Fuentes en su artículo titulado precisamente *La superficialidad*:

> El interés por lo profundo, por la última causa y la verdad de cada cosa, permite al hombre, aunque no sin esfuerzo, aferrar la esencia de la realidad. El hombre profundo tiene un pensamiento «filosófico» o «metafísico», es decir, capta las cosas «por sus causas», y por ellas las explica. El superficial es «fenomenológico»: se limita a describir las cosas según sus apariencias; no sabe lo que son, sino cómo lucen ante él.[64]

Podríamos añadir que el ser profundo opta por conocer cada evento por sí mismo, al grado de poner en tela de juicio cualquier información proveniente de terceros; en cambio, el ser superficial se contentará con los datos que le proporcionen

---

64 Miguel Ángel Fuentes. *La superficialidad*. Colección Virtus 15. Visto el 28/07/2024 en http://www.teologoresponde.org/wp-content/uploads/2014/03/superficialidad.pdf. Pág. 3.

otros, sin molestarse en realizar la mínima labor de comprobación.

Una frase muy común que se acostumbra citar como ejemplo del acceso fácil al conocimiento de algo es «una imagen vale más que mil palabras», sentencia muchas veces puesta en entredicho por la gente que intenta la profundidad. En nuestra sociedad posmoderna, llena de vértigo, sobrecargada de información, estamos acostumbrados a contentarnos con mirar la apariencia, con atisbar los datos someros, con «comer sin saborear».

¿Vivimos en un mundo que ha llegado a preferir la apariencia a la realidad-real? En una lectura rápida de la cotidianidad la respuesta sería que sí, en efecto, vivimos inmersos en la moda del cuidado extremo del *look*, de las *selfies*, de *ipads*, *ipods, twitter*, *facebook*, *instagram*, *snapchat*, de la realidad virtual, la realidad aumentada, y muchos etcéteras. Si no estamos en las redes sociales no existimos. Por cierto, el término *redes sociales* fue acuñado por los antropólogos británicos Elizabeth Bott y John Barnes para denominar los sitios de interacción virtual. Hoy, como nunca, tenemos la posibilidad de estar en contacto mediante la pantalla de una *laptop*, de una tableta, de un *smartphone* o un *smartwatch* con gente de Yemen, Japón, Rusia, Canadá, Bolivia o Alaska. En pocas décadas la tecnología en general, y la de las comunicaciones en particular, han crecido exponencialmente. Es evidente que estamos en una era de cambio, de transformación de la mente humana debido a la influencia de revolución tecnológica. La cultura en que nos desenvolvemos está adquiriendo una nueva perspectiva en la que la humanidad entera está interconectada —incluso se propone denominarle la *era de las conexiones*— y en la que se preponderan los mensajes cortos… y la imagen. Como remarca Duncan Watts en su trabajo *Seis grados de separación: la ciencia de las redes en la era del acceso*, el ser humano es un conjunto de redes y actualmente las redes conectan todo y todo está conectado.[65]

¿Y qué se comunica por medio de las redes? O en otras palabras, ¿qué se produce en las redes? La organización social, política, económica, depende de manera creciente de las redes de comunicación tecnológica. Se estima que, en cuanto a las redes sociales abocadas a profesionales y de negocios, el 73% de los profesionistas en México pertenece a alguna liga social en Internet.

Las herramientas más empleadas en las redes sociales directas por los usuarios son:

- Aplicaciones para subir fotos. Se crean álbumes y se realizan comentarios sobre las fotos.
- Mensajería privada y pública. Se propicia la interacción entre usuarios dentro de una misma red social.
- Perfil. Se crea una página personal a cargo de cada usuario o grupo de una red social. La información será accesible para los otros integrantes de la red social y consistirá en datos personales accesibles para los demás con la finalidad de promover nuestra imagen.
- Juegos *online*. Sitios de esparcimiento para todas las edades. Con frecuencia tiene relación con otras áreas del mundo del entretenimiento, como el cine.
- Páginas o inserciones de marcas. Sitios o recuadros estratégicos para la publicidad de productos y servicios.
- Además, las actividades más recurrentes en redes son ver videoclips y videos *online* y, eventualmente, buscar datos en las enciclopedias electrónicas.

---

65 Duncan Watts. *Seis grados de separación. La ciencia de las redes en la era del acceso*. Paidós. 2006.

Como puede advertirse, en todos estos aspectos la imagen es preponderante y quizás —se ha llegado a especular— está desplazando a la palabra.

Esa fue la preocupación de Giovanni Sartori, manifestada en su célebre libro *Homo videns, la sociedad teledirigida,*[66] en el que sentencia que a causa de la revolución multimedia nos limitamos a *tele-ver* y a *video-vivir* y eso está modificando la naturaleza humana. Existe una nueva *alfabetización* provocada por la beligerancia de la imagen, otras formas de ver, de percibir las cosas. Según Sartori, esta evolución del hombre está pasando inadvertida pero es innegable y señala que un niño, antes de aprender a leer, es enseñado a ver «la tele».

Pero, ¿la imagen en sí es perjudicial? Desde luego que no. Una imagen es «más que una usurpación de la realidad». Es hacernos visible lo que no está aquí. Y bien vista, una imagen puede ser un camino directo para entrar al fondo de las cosas, además de que nos proporcionan información invaluable sobre los objetos en sí.

Empero, la saturación de imágenes a las que estamos expuestos nos deja poco margen de apreciación. Vemos, en ocasiones miramos… pero no observamos.

Hay quienes afirman que esa producción monumental de impactos visuales es correlativa al pensamiento altamente intrincado de nuestra era. Es difícil estar de acuerdo. En el sentido que se trata de aplicar a ese aspecto del pensamiento, más que complejidad habría que hablar de confusión o saturación.

En el texto *La imagen, análisis y representación de la realidad,* de Roberto Aparici, Agustín García Matilla, Jenaro Fernández Baena y Sara Osuna, se cita la opinión de Andrew Darley en el sentido de que, en nuestra cultura visual, *las imágenes no exigen espectadores inclinados a la interpretación, o que buscan*

66 Giovanni Sartori. *Homo videns. La sociedad teledirigida.* Ed. Taurus. Pensamiento. 1998. Pág. 11.

evocaciones semánticas. La actividad que se fomenta no es de naturaleza esencialmente intelectual, ni reflexiva, ni interpretativa, sino más bien sensual y divertida en diversos sentidos.[67]

Coincido totalmente. Es más: me atrevería a añadir que es así en la mayoría de los casos. Consumimos, sobre todo, imágenes que muestran aspectos simplificados de la realidad. Es la realidad reducida a caracteres elementales. Y el sentido que se priorizará será el de lo llamativo. Las imágenes que devoramos a cantidades descomunales deberán de atraer nuestra atención por sus dosis de sexualidad básica o la morbosidad que nos inspiren. Su impacto se difuminará en segundos. Lo que súbitamente nos atrae es efímero y se sustituye de inmediato por otra cosa. La consecuencia de esto, como señala Sartori, es que vamos perdiendo la capacidad de interpretar y reflexionar en símbolos, y nos quedamos con lo epidérmico, con lo insustancial. Corremos el riesgo de dejar de ser *profundos*.

Quizás, como asevera Ilana Snyder —citada también en el libro *La imagen, análisis y representación de la realidad*—, *habría que desarrollar estrategias educativas para acceder, interpretar, criticar y participar en las nuevas formas emergentes de cultura y sociedad. La clave es aquí lo múltiple, la proliferación de medios y formas que exigen una multiplicidad de competencias y habilidades para acceder, interactuar y ayudar a construir un nuevo terreno semiótico.*[68] En otras palabras, en esta era tecnológica nos enfrentamos a una nueva realidad y hay que aprender a descifrarla.

Ese tema, es evidente, excede el marco de mi modesta disertación principal. Lo que me interesa es averiguar si es posible determinar la calidad de profundidad o superficialidad.

---

67 Roberto Aparici, Agustín García Matilla, Jenaro Fernández Baena y Sara Osuna. *La imagen, análisis y representación de la realidad.* Ed. Gedisa. 2009. Pág. 202.

68 Ibidem. Pág. 34.

Según lo expuesto, nuestra cultura pondera una lectura superficial de las cosas. Propicia que nos quedemos con lo trivial, que nos conformemos con apercibirnos de opiniones básicas, que busquemos satisfacer deseos primarios. Quizás el problema sobreviene cuando se pierde la noción de que lo preeminente es la persona antes que las cosas, y que las cosas deben tener una funcionalidad benéfica para el ser humano y para nada lo contrario. El más elemental sentido ético así lo indica.

Evidentemente el tema del autoconocimiento da para muchas páginas más. Lo que te he expresado hasta este momento, querido José Arturo, entrañables jóvenes, son sólo algunos conceptos que intentan una aproximación a su definición… o a su crítica.

Como puede deducirse, no pretendo ni con mucho persuadirte sobre esta u otra idea. La tentativa es más simple, o más entreverada: que reconozcamos juntos la importancia de cuestionar, de afrontar las preguntas realmente importantes, y que el camino para la búsqueda interior está lleno de escollos, es sumamente empedrado, con decenas de obstáculos por vencer, pero se puede abordar de una manera creativa. Después de todo, como aconseja el psicólogo húngaro Thomas Szasz: *Con frecuencia oigo quejarse a las personas porque no se encuentran a sí mismas. Pero el «sí mismo» no es algo con que uno se encuentre. Es algo que uno crea.*

El arte y la vida

Tu vida puede ser una inigualable creación artística. Ese es el sentido de estas disertaciones y será el centro específico de las reflexiones que haré en los últimos capítulos.

Para llegar tal puerto hay que preparar el camino, así que ahora debemos abocarnos a un tema apasionante, con muchas aristas, incontables vericuetos, que nos causa incomparables placeres y que pone los cimientos para una vida llena de creatividad. Nos referimos al arte.

En tanto involucra factores acentuadamente subjetivos, el concepto del arte es difícil de definir. Pudiera existir alguien al que no le gusten las pinturas de Goya, o sienta que las canciones de los Beatles son insulsas, o al visitar la Basílica de la Sagrada Familia la perciba «demasiado recargada», o al estar parado frente a la Mona Lisa le parezca una señora fea de sonrisa estúpida.

La idea del arte ha cambiado a lo largo de la historia. No puede hablarse de evolución —en el sentido de progresión— porque en el terreno estético no se *avanza*; solamente se transforma y adapta a las formas de pensar y sentir en determinada época. Sin embargo, la necesidad de lo estético siempre está ahí, inamovible. Todos requerimos del arte, de la misma manera en que nos apremian otras necesidades. No se puede sólo sobrevivir. El ser humano no se conforma con eso.

Como subraya el filósofo polaco Wladyslaw Tatarkiewics en su tratado sobre el arte, *Historia de seis ideas*, desde que Platón planteó la clasificación en *Fedro*, distinguimos tres tipos supremos de valor: bien, belleza y verdad.[69] Así, la cultura occidental ha considerado desde hace mucho tiempo a la belleza como un valor central.

Podemos imaginarnos al ser humano primitivo, en pleno Paleolítico Superior —hace 15000 años—, adentrarse en las cuevas de Altamira para plasmar pinturas que, al margen de propiciar la captura de animales, mostraran también su veneración por ellos. Lo hicieron con maestría, no sólo imitando figuras sino trabajándolas con tanta destreza que a la fecha han sido tenidos por grandes artistas. El impulso que los llevó a elaborar ese arte llamado rupestre es exactamente el mismo que lleva a un artista actual a construir una instalación: crear. De hecho, Joan Miró se aventuró a decir: *La pintura está en decadencia desde Altamira.*

Vale la pena mencionar lo que al respecto concluye Arnold Hauser en su imprescindible volumen *Historia social de la literatura y el arte*, al referirse a los tiempos prehistóricos:

> La característica más peculiar de los dibujos naturalistas del Paleolítico es que ofrecen la impresión visual de una manera tan directa y pura, tan libre de añadidos o restricciones intelectuales, que hasta el Impresionismo moderno apenas nos es posible encontrar un paralelo a este arte en el arte posterior. En este arte prehistórico descubrimos estudios de movimientos que nos recuerdan ya las modernas instantáneas fotográficas; esto no lo volveremos a encontrar hasta las pinturas de un Degas o

---

69 Wladyslaw Tatarkiewics. *Historia de seis ideas*. Trad. Francisco Rodríguez Martin. Ed. Tecnos. Colección Metrópolis. 2001. Pág. 29.

> un Toulouse-Lautrec. Por ello, a los ojos no adiestrados por el Impresionismo estas pinturas tienen que parecerles en muchos casos mal dibujadas e incomprensibles. Los pintores del Paleolítico eran capaces todavía de ver, simplemente con los ojos, matices delicados que nosotros sólo podemos descubrir con ayuda de complicados instrumentos científicos.[70]

Podemos convenir en que es casi imposible enmarcar en una sola definición lo que es el arte. Sin embargo, en lo que podemos coincidir es, por una parte, que el arte es eminentemente creación humana. Ya tendremos oportunidad de abundar sobre el tema. Adelantaremos la idea de que, en efecto, hay belleza inigualable en la naturaleza —la Vía Láctea, un atardecer, el pavorreal—, pero para que exista el arte es indispensable la presencia humana.

Otra cosa en lo que casi todos podemos estar en consonancia es en la relación del concepto del arte con el de la belleza. Expresé «casi todos» porque, como bien se sabe, existen tendencias artísticas que ponderan la fealdad como una válida expresión estética.

Antes de entrar en honduras, veamos lo que nos dice el Diccionario de la Real Academia Española sobre el término *Arte*:

> 1.- Capacidad, habilidad para hacer algo.
>
> 2.- Manifestación de la actividad humana mediante la cual se interpreta lo real o se plasma lo imaginado con recursos plásticos, lingüísticos o sonoros.
>
> 3.- Conjunto de preceptos y reglas necesarios para hacer algo.

---

70 Arnold Hauser. *Historia social de la literatura y el arte*. Trad. A. Tovar y F.P. Varas-Reyes. Ed. Debate. 1998. Pág. 14.

4.- Maña, astucia.[71]

En tanto que, el mismo diccionario nos menciona que *Bello* se refiere a lo que, por la perfección de sus formas, complace a la vista o al oído, y por extensión, al espíritu (ahí está una de las palabras que te comenté líneas arriba).

Inevitablemente caemos en cuenta de que tenemos entre manos otra palabra ligada a lo que queremos desentrañar: *estético.*

¿Qué es lo *estético*? El diccionario de la RAE nos menciona varias acepciones, entre las que recogemos:

1.- Perteneciente o relativo a la estética (disciplina que *estudia* la belleza). Ideas estéticas.

2.- Perteneciente o relativo a la estética (conjunto de elementos estilísticos y temáticos).

3.- Perteneciente o relativo a la percepción o apreciación de la belleza. Placer estético.

4.- Artístico, de aspecto bello y elegante.

5.- Disciplina que estudia la belleza y los fundamentos filosóficos del arte.

---

71 Real Academia Española. Diccionario de la lengua española. Visto el 24/07/2024 en: estético, estética | Definición | Diccionario de la lengua española | RAE - ASALE-

6.- Conjunto de elementos *estilísticos y temáticos* que caracterizan a un determinado autor o movimiento artístico.

7.- Armonía y apariencia agradable a los sentidos desde el punto de vista de la belleza.

Como podrás darte cuenta, nos adentramos en un camino repleto de senderos que se bifurcan —para aludir al maestro Borges— pues comprende desde teoría del arte, géneros, corrientes y estilos, hasta funciones adjetivales. Y ya que evocamos —o invocamos— al Escritor, y con relación a lo estético, qué te parece si nos deleitamos con un poema en prosa que se titula *Alguien soñará*:

> ¿Qué soñará el indescifrable futuro? Soñará que Alonso Quijano puede ser don Quijote sin dejar su aldea y sus libros. Soñará que una víspera de Ulises puede ser más pródiga que el poema que narra sus trabajos. Soñará generaciones humanas que no reconocerán el nombre de Ulises. Soñará sueños más precisos que la vigilia de hoy. Soñará que podremos hacer milagros y que no los haremos, porque será más real imaginarlos. Soñará mundos tan intensos que la voz de una sola de sus aves podría matarte. Soñará que el olvido y la memoria pueden ser actos voluntarios, no agresiones o dádivas del azar. Soñará que veremos con todo el cuerpo, como quería Milton desde la sombra de esos tiernos orbes, los ojos. Soñará un mundo sin la máquina y sin esa doliente máquina, el cuerpo. La vida no es un sueño pero puede llegar a ser un sueño, escribe Novalis.[72]

---

72 Jorge Luis Borges. *Poema Alguien soñará*. Tomado el 24/07/2024 del portal Ciudad Seva: Alguien soñará - Jorge Luis Borges - Ciudad Seva - Luis López Nieves.

Me parece un puntual ejemplo de narración altamente estética, de bello relato, de arte. Entonces, ¿qué podremos entender por *arte*?

Arte proviene del latín *ars, artis,* y originalmente se refería a las maneras que tenía el ser humano para hacer algo; es decir, la técnica para saber elaborar una cosa. Bajo ese concepto tanto el zapatero, el herrero, la cocinera, desarrollaban *arte.* —Y en muchos sentidos, lo siguen desarrollando—.

Es evidente que el término evolucionó y, como vimos líneas arriba, ahora involucra diversas nociones, algunas de ellas con un claro contenido filosófico.

Así es. La Filosofía es un enorme árbol con varias ramas, una de las cuales es la *Estética*, cuyo territorio es precisamente la indagación de qué es el arte y qué es lo bello. El arte es un producto de la cultura y sus bienes fundamentales son las realizaciones artísticas, las cuales pueden llegar a un grado óptimo: la perfección, a diferencia de la ciencia, cuyas realizaciones son constantemente rebatibles, inconclusas, perfectibles.

Según Francisco Larroyo en su *Introducción a la filosofía de la cultura*, en la antigua estética los protagonistas eran solamente el creador y el espectador; actualmente convergen el intérprete y el crítico de arte.[73]

La dificultad para conocer el fenómeno de lo estético radica en que desearíamos realizar estudios sistemáticos en terrenos donde priva lo que se resiste a serlo. Como aduce Moritz Geiger, de la Universidad de la Plata, en su *Introducción a la Estética*: *el artista está permanentemente temeroso de ver que su arte pueda ser legislado de manera ininteligible, aun sobre su propia actividad creadora. Y el amante de las obras de arte* (está) *poco dispuesto a admitir*

73 Francisco Larroyo. Op. Cit. Pág. 105.

indicaciones a lo que él debe considerar hermoso, y a mirar desvanecerse su goce inmediato bajo la agria luz de un análisis disolvente.[74]

Sin embargo, a lo largo de la historia del pensamiento ha podido desarrollarse una filosofía del arte y, aunque debatible, podemos mencionar algunos puntos importantes intentando alejarnos de cualquier tipo de densidad académica.

Bajo esa óptica —siguiendo al maestro Larroyo— diremos que la *Estética* ha ido fijando su problemática dentro de dos circunstancias: por una parte, tomando en cuenta la evolución y transformaciones del arte; por otra, sujetándose a los avances de la filosofía y diversas ciencias auxiliares. Así, tomando en cuenta que la *Estética* es un sistema abierto, sus asuntos primordiales serán:

> 1.- Lo netamente estético. Aquí nos preguntaremos cuál es la naturaleza de lo estético y cuáles son sus relaciones.
>
> 2.- Cuál es el método que se seguiría para convertirse en una disciplina filosófica.
>
> 3.- Cuál es —si lo hay— el sistema de las artes. Se buscaría establecer una descripción y clasificación de las artes. Aquí se fijarían las formas externas del objeto de estudio y sus dinámicas. Qué es el estilo, cuáles sus corrientes.
>
> 4.- Cuál es el valor de lo estético. Qué es lo bello, qué es lo «feo».

---

74 Moritz Geiger. *Introducción a la estética* [en línea]. La Plata: UNLP. FaHCE. Centro de Estudiantes. En Memoria Académica. Disponible en: http://www.memoria.fahce.unlp.edu.ar/libros/pm.356/pm.356.pdf. Pág. 7.

5.- El problema de la creación artística.

6.- La contemplación artística.

7.- La interpretación artística.

8.- La crítica del arte.

9.- El significado del arte en la vida humana.[75]

Todos estos problemas y, particularmente el último, nos atañen directamente para el entendimiento de nuestra idea de llevar a cabo una vida artística.

A su vez, Tatarkiewics en su *Historia de seis ideas*, enumera diez fenómenos artísticos a los que, nos propone, poner atención.

> 1) Arte: como ya hemos dicho, en un tiempo se trató de un término que designaba la habilidad de un hombre para hacer algo, como puede ser la habilidad para producir objetos necesarios. Actualmente esta palabra hace referencia a una colección de estos objetos. Su significado ha cambiado notablemente.
>
> 2) Belleza: designa un atributo, una característica de una persona o cosa. Es típico cuando se dice que hay belleza en una pintura o en una flor. Además de atributo, es un concepto general y un valor.

---

75 Francisco Larroyo. Ibid. Págs. 105-106.

3) Experiencia estética: es el término que hace referencia a las funciones psíquicas. Más adelante veremos que designa la vivencia del que contempla una obra de arte.

4) Forma: Tatarkiewics dice que forma designa casi siempre, no las cosas en sí mismas, sino «cómo se combinan las partes y su relación mutua». El material, en manos del artista, adquiere forma artística.

5) Poesía: éste es un concepto que se usa de diversas maneras. Puede referirse a un ente colectivo, como cuando se habla de la poesía mexicana del siglo XIX. O también puede ser un sinónimo de la cualidad poética, y entonces es el término con el que se designa un atributo, una característica, una cualidad. Por ejemplo «vivir un momento poético».

6) Creatividad: según el filósofo polaco este término nos remite tanto al talento que posee una persona como a la propia actividad de realizar obras artísticas.

7) Mimesis e imitación artística: este es un concepto de la teoría del arte sumamente debatido y procuraremos abordarlo de la mejor manera cuando toquemos las ideas de Aristóteles sobre el arte.

8) Imaginación, genio, gusto, sentido estético: son términos que solemos asociar a la creatividad o, incluso, a la apreciación artística —en el caso del sentido estético—. Imaginación, genio, gusto, aluden en ocasiones a una sensibilidad especial para el arte y lo artístico.

9) Verdad artística: Tatarkiewics presenta este término como el que designa la relación existente «entre una obra y su modelo». Evidentemente implica un concepto valorativo y alude a determinada característica de «creación genuina y honesta de una obra de arte».

10) Estilo: como puede intuirse, éste es un concepto con diferentes acepciones. Por un lado, se refiere a la forma de hacer arte en determinada época —el estilo barroco, el estilo romántico o el estilo neoclásico—. Por otra parte, puede aludir al sello personal de cierto autor —el estilo de Sor Juana Inés de la Cruz es muy definido—.[76]

Nos dice Tatarkiewics que algunos de estos términos pertenecientes a la *Estética* han sido desarrollados por el esfuerzo de algún especialista en arte, y otros se han puesto en circulación de forma gradual e imperceptible.

Amado José Arturo, queridas y queridos jóvenes, estoy seguro que captaron de inmediato lo apasionante del tema y las dificultades a las que nos estamos enfrentando.

Resulta inquietante el hecho de que la palabra *Arte* designaba, en sus orígenes, la destreza para hacer algo mediante el seguimiento de puntuales reglas. Siglos después —paradójicamente— parece referirse a una forma de hacer cosas que, en ciertas ocasiones, contravienen las reglas para su cabal factura.

---

76 Wladyslaw Tatarkiewics. Op. Cit. Págs. 35-36.

Qué es *Arte*

Un par de breves reflexiones más sobre la palabra *Arte*.

En nuestras poco apacibles épocas nos seguimos preguntando qué es el *Arte*. Todos, absolutamente todos, estamos en contacto con la experiencia artística, e incluso, con las posibilidades creadoras. Alguna vez hemos sido testigos de una manifestación artística que nos ha hecho vibrar de emoción. Asimismo, alguna vez, quizás, hemos creado algo que nos ha dejado sumamente satisfechos por la calidad de expresión alcanzada.

El arte es parte esencial de la naturaleza humana. Lo necesitamos todo el tiempo. Se nos presenta en la canción que ansiamos escuchar una y otra vez; en la pintura de un bosque que queremos poner en la sala de la casa; en los versos que escribimos para una persona que nos gusta y que jamás nos atreveremos a mostrarlos a nadie; en la película que nos hizo reír a carcajadas; en el diseño del auto que soñamos comprar.

Más aún: el arte puede impregnar muchas de las decisiones que tomamos sobre nuestras relaciones personales, laborales o familiares, o acerca de los aspectos de nuestra personalidad que tenemos que resolver. Pero no adelantemos vísperas.

Antes de llegar a ese punto me gustaría, José Arturo, que tú y yo —y por supuesto ustedes también, estimadas y estimados jóvenes— desmenuzáramos algunos temas importantes y citaremos las opiniones de ciertos autores que han tratado, y muy bien, los tópicos del arte. Esto se hace necesario porque, como ya asentamos, el concepto del arte es difícil de asir, hay posiciones muy variadas e incluso encontradas o contrapuestas.

Qué te parece si iniciamos la polémica con el señor Platón. Pese a que nunca dedicó un escrito específicamente al tema del arte, se infieren sus opiniones según algunos de sus *Diálogos* y de su *República*. Para él, el arte es una apariencia, una imagen que es reflejo de la realidad. En otras palabras, para el filósofo de los anchos hombros el arte navega en las procelosas aguas de *las ideas*. Parece ser que para él, los artistas y el arte en general no eran de su completo agrado. Transcribo un par de líneas del artículo *El concepto de mimesis en la filosofía del arte de Platón*, de Virginia Aspe, de la Universidad Panamericana:

> Platón establece la siguiente conclusión respecto a los artistas:
>
> Por consiguiente, el arte de la imitación se encuentra alejado de lo verdadero y al parecer realiza tantas cosas por el hecho de que alcanza sólo un poco de cada una y aún este poco es un simple fantasma. (*República* X. 597e).

> Tal declaración es congruente con la teoría del conocimiento platónica que tiene como base una profunda fundamentación metafísica. Si el mundo de las ideas es el mundo de lo en sí, el mundo de la naturaleza es un mundo de puras sombras. Si el mundo del arte es representación de la naturaleza, entonces el arte es un mundo de sombras de las sombras. Así, el arte se convierte en una triple degradación ontológica puesto que es una actividad que en la medida en que hace se aleja doblemente del mundo real.[77]

Visto lo cual, el arte, para Platón, es una degradación de la realidad. Nada más qué decir de él… por ahora.

Aristóteles mostró un mayor interés por el arte. Dedicó sus reflexiones a ese aspecto de la filosofía particularmente en su imprescindible *Poética,* de la cual reproduciremos algunas de sus primeras líneas.

Previamente comentaremos que el filósofo de Estagira basa su teoría en el concepto de *mimesis*. Él lo refiere sobre todo a la poesía, y en particular a la tragedia, y lo entiende como una reproducción imitativa de la realidad. No es un concepto sencillo. A lo largo de la historia del arte se ha debatido intensamente su significado. En épocas recientes, incluso las ciencias cognitivas han abordado el tema de las conductas imitativas, su relación con las neuronas *espejo* y las relaciones intersubjetivas.

Para efectos de las intenciones de nuestro libro acudiremos brevemente a la tesis doctoral de Viviana Suñol, *Mimesis en Aristóteles.*

La investigadora asienta que la sabiduría de Aristóteles *consiste en haber descubierto* [el] *carácter ingénito* [de la mimesis] *como habilidad predominantemente humana de aprendizaje mediante*

---

77 Virginia Aspe. *El concepto de mímesis en la filosofía del arte de Platón*. Págs. 175-176. Visto el 24/07/2024 en *Tópicos*. Revista de Filosofía. No. 1. 1991. A., V. A. (2013). El concepto de mímesis en la filosofía del arte de Platón. *Tópicos, Revista De Filosofía*, (1), 175–182. https://doi.org/10.21555/top.v1i1.585.

la identificación de semejanzas y por ende, de diferencias, a partir de la cual surgen como formas derivadas las artes miméticas.[78]

Si las artes no miméticas describen la naturaleza tal cual es, si un texto no mimético hablará de la misma manera como se habla en la realidad, las artes miméticas harán una representación de la vida real.

Vayamos ahora sí a Aristóteles en sus propias palabras. A continuación, el inicio de su capítulo segundo de la *Poética*:

> Mas, puesto que los que imitan a hombres que actúan, y éstos necesariamente serán esforzados o de baja calidad (los caracteres, en efecto, casi siempre se reducen a éstos solos, pues todos sobresalen, en cuanto al carácter, o por el vicio o por la virtud), o bien los hacen mejores que solemos ser nosotros, o bien peores o incluso iguales, lo mismo que los pintores.
>
> Polignoto, en efecto, los pintaba mejores; Pausón, peores, y Dionisio, semejantes.
>
> Y es evidente que también cada una de las imitaciones dichas tendrá estas diferencias, y será diversa por imitar cosas diversas como se ha indicado.
>
> Pues también en la danza y en la música de flauta y en la de cítara pueden producirse estas desemejanzas, así como en la prosa y en los versos solos por ejemplo, Homero hace a los hombres mejores; Cleofonte, semejantes, y Hegemón de Taso, inventor de la parodia, y Nicócares, autor de la Dilíada, peores.

78 Viviana Suñol. *Mimesis en Aristóteles. Reconsideración de su significado y su función en el Corpus Aristotelicum.* Tesis doctoral. Universidad Nacional de la Plata. Visto el 25/07/2024 en https://www.memoria.fahce.unlp.edu.ar/tesis/te.283/te.283.pdf. Pág. 7.

> Y lo mismo sucede con los ditirambos y con los nomos; pues uno podría hacer la imitación del mismo modo que Timoteo y Filóxeno compusieron sus Cíclopes.

> Y la misma diferencia separa también a la tragedia de la comedia; ésta, en efecto, tiende a imitarlos peores, y aquélla, mejores que los hombres reales.[79]

Como puede observarse, el concepto de la mimesis es vasto y complejo. Va más allá de una simple calca de la realidad. Aristóteles propone el término como base de lo que nosotros entendemos ahora como arte. Se imita a las cosas reales y se produce algo, que si bien es distinto, ha de ser *verosímil*, es decir, similar a la verdad.

Con el devenir de la filosofía la noción de *mimesis* ha trascendido al arte y ha impregnado diversas áreas, como la de la pedagogía. Así, se dirá que el alumno *imita* al maestro, y eso sienta las bases del proceso del aprendizaje.

Concluyo este pasaje, por ahora, las reflexiones sobre la mimesis en el entendido de que es un concepto con muchas aristas. El problema radicará en saber si el arte representa, o además interpreta, o bien crea, o únicamente *recrea*. Probablemente nos puedan orientar las ideas del filósofo Hans-Georg Gadamer, citadas por Viviana Suñol en su tesis referida:

> Gadamer se ocupa del concepto aristotélico de mimesis y particularmente, de la actualidad que él tiene en las distintas vertientes del arte. En «Verdad y Método», el concepto de mimesis juega un rol central en la descripción ontológica de la obra de arte propuesta por el autor. El juego humano (*das Spiel*) en cuanto modo de ser propio de la obra de arte

---

79 Aristóteles. *Poética*. Biblioteca Románica Hispánica. Ed. Gredos. Edición trilingüe por Valentín García Yebra. 1999. Págs. 131-132.

> alcanza su verdadera perfección cuando se transforma en una construcción, y sólo mediante este giro alcanza su idealidad, puede ser pensado y entendido como él mismo. El juego se desprende así del hacer representativo de los jugadores y consiste en pura manifestación de lo que ellos juegan, por lo cual le conviene el carácter de obra (*érgon*), i.e. de construcción. La transformación no remite a un mero cambio cualitativo, en la medida en que no implica un simple desplazamiento a un mundo distinto. Lo representado en el juego del arte es una realidad superior, es lo verdadero pues, «la realidad se determina como lo no transformado y el arte como la superación de esta realidad en su verdad».[80]

Propongo que nos quedemos con la frase que afirma «el juego del arte es una realidad superior». El arte es la vida, va más allá de la vida... pero puede ser parte fundamental de tu vida.

Con el correr de la historia del pensamiento muchos habrán de ser los académicos que dirijan su mirada al arte y la belleza. Por la naturaleza de este trabajo, insisto, sólo podemos mostrar algunos de los principales puntos de vista de pensadores que han abordado el tópico estético, y más allá de una crítica o análisis de esas posturas nos estamos limitando a aludirlas esperando que, en algún momento, puedas interesarte más por ellas —si es que no las conocías—.

Ahora procederemos a mencionar brevemente a Plotino, filósofo romano heredero de las ideas platónicas, y que puso su acento en un concepto místico de la belleza. Para Plotino, la belleza está identificada con una forma universal; también nos hablará de la belleza del alma, que posee una forma tras-

80 Viviana Suñol. Op. Cit. Pág. 225.

cendente y estará purificada por la virtud. *El amor es hijo de Afrodita... y su oficio es incitar a las almas hacia la belleza.*[81]

San Agustín, en sus *Confesiones*, tocará el tema de la belleza, evidentemente desde un punto de vista espiritual. Para él la belleza suprema se encuentra en el alma y el hombre debe afanarse por encontrarla, a sabiendas de que tal belleza excederá las fronteras de la razón y que, para conocerla, hay que introducirse en los campos de la fe y el amor.

Por su parte, Santo Tomás nos dirá en su célebre *Suma Teológica* que lo bello y el bien son lo mismo porque se fundamentan en la misma forma. *Por eso se canta al bien por lo bello*, dirá el aquinatense; y enseguida aduce que ambas virtudes difieren en la razón, pues el bien se refiere al apetito —ya que es algo que todos desean, *apetecen*—, y lo bello, por su parte, va referido al *entendimiento*, ya que *es lo que agrada a la vista*, sentencia el Santo Sabio en la Cuestión 5, que trata *Sobre el bien en general.*[82]

A vuelo de pájaro diremos que durante el Renacimiento —y como su nombre indica— los artistas observan con atención lo hecho por los maestros de la época clásica, griega y latina. Lo más sublime de las creaciones artísticas que hasta el momento ha conocido la humanidad, a mi modo de ver, se dio durante el Renacimiento. Cabe resaltar que la única diferencia que esta época tuvo con su precedente fue el énfasis que se dio a la expresión de las emociones. Se buscó transmitir una mayor vibración dramática. Ese efecto se hará sentir en la pintura, la música, y por supuesto, el teatro.

Igualmente, durante esos años hubo una acentuada preocupación por desarrollar una técnica para comunicar mejor las pasiones del alma. Así, por ejemplo, Lope de Vega lo manifiesta

---

81 Plotino. *Enéadas*. Trad. Jesús Igal. Ed. Gredos. Enéada III. 1985. Pág. 125.

82 Santo Tomás. Op. Cit. Pág. 127.

en su pequeña pero aleccionadora obra *Arte nuevo de hacer comedias en este tiempo*, y donde nos aconseja:

Elíjase el sujeto, y no se mire
(perdonen los preceptos) si es de reyes [...]
Lo trágico y lo cómico mezclado,
y Terencio con Séneca, aunque sea
como otro Minotauro de Pasife,
harán grave una parte, otra ridícula,
que aquesta variedad deleita mucho:
buen ejemplo nos da naturaleza,
que por tal variedad tiene belleza...[83]

De modo similar Shakespeare subrayó la importancia de la técnica al mostrar las pasiones humanas en las instrucciones que el príncipe *Hamlet* da a un actor:

> *Hamlet.*- [...] Acomoda la acción a la palabra y la palabra a la acción, poniendo especial cuidado en no traspasar los límites de la sencillez natural, porque toda cosa llevada a tal extremo es contraria a las tendencias del arte dramático, cuyo objeto ha sido y sigue siendo, digámoslo así, poner un espejo a la humanidad, mostrar a la virtud sus rasgos, al viejo su imagen, y a cada siglo y a cada generación su fisonomía y sello característico.[84]

Más adelante, a inicios del siglo XIX, Víctor Hugo describirá los elementos que ponderará el *Romanticismo* en el prólogo a su drama *Cromwell*. Ahora adquirirá mayor relevancia la libertad creativa, la inspiración, el sentimiento puro y auténtico, y

---

83 Lope de Vega. *Arte nuevo de hacer comedias en este tiempo*. Biblioteca Virtual Universal. 2003. Págs. 12-13.

84 William Shakespeare. *Hamlet, príncipe de Dinamarca*. Ed. Ramón Sopena. 1965. Pág. 95.

la renuncia a los dogmas y normas preestablecidas. Algunos de los elementos románticos perviven hasta la actualidad, particularmente la necesidad que tiene el artista de *sentir vigorosamente* y expresar esa intensidad sin darle demasiada importancia a las reglas técnicas de su arte. Dice Víctor Hugo:

> El autor pleitea [...] por conseguir la libertad del arte contra el despotismo de los sistemas, de los códigos y de las reglas. Tiene por costumbre seguir a la ventura el asunto que escoge por inspiración y cambiar de molde cada vez que cambia de composición; huye sobre todo del dogmatismo en las artes.[85]

Habremos de dedicar unas cuantas líneas a las reflexiones que Emmanuel Kant hiciera sobre belleza y arte. Kant debió ser complicado hasta para amarrarse las agujetas de los zapatos, así que no va a ser tarea sencilla abordar sus tesis sobre estética. Discúlpenme los especialistas la irreverencia si simplifico las ideas kantianas. Haré el mejor de mis intentos.

Para Kant hay dos elementos que debemos reconocer en los juicios que emitimos: entendimiento y voluntad. El entendimiento sirve para crearnos conceptos lógicos. Por su parte, la voluntad nos sirve para optar por lo que nos gusta. El entendimiento no funciona para elaborar juicios de gusto; para eso tenemos la voluntad, que es espontanea, inmediata, natural. Ahora bien, para Kant estas dos funciones hasta cierto punto se complementan. El entendimiento dará argumentos que la voluntad afirmará o negará, según le plazca. Empero, si las razones son de peso, la voluntad podrá ser doblegada. Así, nuestras preferencias en el orden estético estarán dominadas por la voluntad, por nuestros deseos, por nuestras reacciones

85 Víctor Hugo. *Cromwell*. Biblioteca Virtual Miguel de Cervantes. Visto el 26/07/2024 en https://www.ucm.es/data/cont/docs/119-2014-02-19. Pág. 23.

inmediatas, por los juicios de gusto, mientras que otros tipos de juicios estarán regidos por los juicios de valor, por la *razón*.

Como podemos percatarnos, la división que hace Kant parece insalvable, sumamente tajante. Según él o reflexionamos, o sentimos. Cuando mucho podemos aspirar a un dificultoso balance entre ambas funciones. El filósofo dedicó sus cavilaciones estéticas fundamentalmente en *Lo bello y lo sublime* y en *Crítica del Juicio*. Veamos directamente de su puño y letra algunos puntos de vista plasmados en el último libro mencionado:

> Del arte en general.
>
> 1. «Arte» se distingue de «naturaleza», como «hacer» (*facere*), se distingue de «obrar» o producir en general (*agere*), y el producto o consecuencia del primero, como «obra» (opus), de la segunda, como efecto (*effectus*).
>
> Por derecho, debería llamarse «arte» sólo a las cosas producidas con libertad, es decir, con una voluntad que toma la razón por principio de sus acciones, pues aunque se pretenda llamar «obras de arte» a las producciones de las abejas (los panales que regularmente construyen), ese concepto sólo se usa así por analogía, porque desde que nos percatamos que su labor no está fundada sobre una reflexión que les sea propia, se dice que es una producción de su naturaleza (del instinto) y sólo a su creador se le atribuye como arte.
>
> Cuando al escarbar en un pantano se encuentra un pedazo de madera tallada, no se dice que es una producción de la naturaleza, sino del arte; su causa productora ha concebido un fin al cual debe su forma. Además, se ve un arte en todo aquello que está construido de tal manera que, en su causa,

una representación de ello ha debido ser precedente a su concreción (como sucede con las abejas), sin que el efecto pueda ser «pensado» precisamente por ella. Pero cuando se nombra simplemente a algo «obra de arte», para distinguirla de un efecto de la naturaleza, se entiende siempre por ello una obra propia de los hombres.

2. El «arte», en tanto que habilidad del hombre, se distingue también de la «ciencia» (poder, saber), como la facultad práctica se distingue de la facultad teórica; como la técnica se diferencia de la teoría (como, por ejemplo, la agricultura de la geometría). Y entonces una cosa que «se puede hacer», desde que se sabe lo que se debe hacer, y se conoce suficientemente el medio que se ha de emplear para alcanzar ese efecto deseado, no se llama precisamente «arte». Cuando, a pesar de conocer algo lo más completamente posible, no por eso se tiene en seguida la habilidad de hacerlo, entonces, y en tanto que ello es de esa manera, pertenece eso al arte. Camper describe con gran precisión la manera de hacer un buen zapato, pero seguramente nunca ha podido hacer un buen zapato.

3. El «arte» se distingue también del «oficio». Al primero se le llama «liberal». Al segundo puede llamársele «mercenario». No se considera el arte más que como un juego, es decir, como una ocupación agradable en sí misma, y no se le atribuye ninguna otra finalidad. Por el contrario, al oficio se le mira como un trabajo, es decir, como una ocupación desagradable por sí misma (fatigosa), que no atrae más que por el resultado que promete (por ejemplo, por la promesa de la ganancia), y que por consiguiente, puede ser impuesta por la fuerza.[86]

---

86 Immanuel Kant. *Crítica del juicio, seguida de las observaciones sobre el asentimiento de lo bello y de lo sublime*. Trad. Alejo García Moreno y Juan Ruvira. Ed. Librerías de Francisco Iravedra, Antonio Novo. 1876. Págs. 130-131.

Para Kant, pues, uno es el arte de la naturaleza —la presencia de lo estético en la naturaleza sin una finalidad concreta—, otra la belleza producida por el ser humano —subordinada a la de la naturaleza y propiamente llamada arte—, otra la labor que se realiza en la ciencia —que requiere otras formas de trabajo y evaluación—, y otra cosa el trabajo visto como oficio. El arte nos dará placer por sí mismo, totalmente alejado de conceptos.

¿Será cierto lo que nos dice Kant? Me parece que, en un afán clasificatorio, el filósofo prusiano separó dos criterios —entendimiento y voluntad— que lejos de trabajar de forma aislada, tienen más vasos comunicantes de lo que podríamos imaginar. No obstante, es de aceptar que su teoría idealista y subjetiva de la belleza tuvo una enorme repercusión, al grado de trasminar muchas de sus premisas en las posturas del Romanticismo. Incluso en nuestra actualidad se dejan escuchar los ecos de las ideas estéticas de Kant.

En contraposición con la idea kantiana de la belleza sin una finalidad, Hegel opina que la naturaleza del arte es, en primer término, una actividad netamente humana, está dirigida a complacer los sentidos, tiene un fin en sí mismo, y por si fuera poco, es una necesidad vital, pues es imperioso para el ser humano producir y disfrutar arte.

Para Hegel, el arte es, en esencia, una manifestación del espíritu. En nuestro interior radican ideas que la sensibilidad impulsa a expresar, y esto se logra mediante la materialización de la obra de arte. De ahí se colige que el arte es una mixtura de idea sensible y realidad formal. Aún más: Hegel aduce que esa combinación está presente en la naturaleza pero encuentra su punto culminante en el arte, producto netamente humano. En otras palabras, la naturaleza posee la vinculación entre espíritu y forma, pero no la manifiesta de manera tan plena como puede hacerlo la obra artística desarrollada, creada por el hombre. Éste advierte ciertas limitaciones, ciertas insuficiencias en la realidad inmediata, así que el ser humano tiene la misión de representar, mediante la obra de arte y bajo formas sensibles, el desenvolvimiento libre de la vida y del espíritu. Para complementar la idea, nos dice este pensador alemán que en el arte *forma* y *contenido* deben estar firmemente entrelazados. No será posible una obra artística que sea pura *forma*, y el simple *contenido* no basta para que la obra de arte se concrete. Ahora bien, de la articulación necesaria entre contenido y forma se obtendrán los conceptos de arte simbólico —predomina la forma—, arte romántico —con mayor relevancia del contenido—, y arte clásico —exacto equilibrio entre contenido y forma—.

Esto es algo que nos refiere Hegel en sus *Lecciones sobre la estética:*

> A. Representaciones usuales del arte.
>
> Aquello que de la obra de arte puede en principio sernos conocido como representación corriente afecta a las tres dimensiones siguientes:
>
> 1.- La obra de arte no es un producto natural, sino algo producido por la actividad humana;
>
> 2.- Está hecha esencialmente para el hombre, y ciertamente tomada más o menos de lo sensible para su sentido;
>
> 3.- Tiene un fin en sí.[87]

---

87 G.W.F. Hegel. *Lecciones sobre la estética*. Trad. Alfredo Brotons Muñoz. Ed. Akal. 1989. Pág. 23.

Hegel brinda inestimables aportaciones a la *Estética*. Además de refutar muchas de las ideas de su época en torno al arte —entre ellas, las de Kant, como puede verse en la oposición de algunas ideas de ambos filósofos que aquí se citan—, propugnó la elaboración de una seria y científica *Filosofía del Arte*, dignificándola y dándole el carácter de auténtico pensamiento filosófico.

Siguiendo las ideas de Tatarkievicks en la obra que hemos mencionado del autor polaco, diremos que mientras el arte del siglo XIX era convencional, tradicionalista, y perseguía la realización de lo que la mayoría consideraba como bello, el del siglo XX rompería moldes, procuraría innovar, sería rebelde y sus premisas se reflejarían en las famosas *vanguardias*.

Ello llevó a otro teórico, Theodor Adorno —mezcla sui géneris de filósofo y compositor musical—, a afirmar en su *Teoría estética* que *ha llegado a ser evidente que nada referente al arte es evidente*: ni en él mismo, ni en su relación con la totalidad, ni siquiera en su derecho a la existencia. En el arte contemporáneo todo se ha hecho posible, se ha franqueado la puerta de la infinitud y la reflexión tiene que enfrentarse con ello. Pero esa infinitud abierta no ha podido compensar todo lo que se ha perdido al concebir al arte como tarea irreflexiva y asistemática. Según Adorno, los artistas de principios del siglo XX habrían de padecer por la libertad por la que habían peleado, al grado de sentirse desdichados con sus conquistas y anhelar un orden en la incertidumbre creada. Adorno dice reconocer que una de las soluciones que se dio fue la función social del arte, y eso provocó la pérdida de la ingenuidad en el arte y agravó la situación.

De las muchas ideas que este pensador tiene sobre el arte, me gustaría destacar el hecho de que afirma que la obra artística tiene una identidad con la realidad existente, de la que surge, y esa es parte de su fuerza centralizante. La obra se asemeja al mundo, nos dice Adorno, por lo mismo que provoca que se oponga a él, y además, por el Espíritu que le ha dado orden. Es así como el arte es la antítesis social de la sociedad —nos explica—. Su ámbito es el interior de los seres humanos y participa previamente de la sublimación. De ello se colige que podamos comprender el arte sólo mediante una teoría anímica.

> Toda obra de arte es un instante. Toda obra de arte lograda es una adquisición, un instantáneo detenerse en el proceso, al manifestarse éste al ojo que lo contempla. Si las obras de arte son respuestas a sus propias preguntas, también se convierten ellas, por este hecho, en preguntas.[88]

Antes de pasar a otro tema me gustaría que juntos conociéramos algo de la visión estética de Georg Lukács, filósofo marxista nacido en Hungría y cuya *Teoría de la novela* es un clásico obligado para todo narrador. Me parece oportuno presentarlo pues ofrece otra perspectiva del fenómeno estético. La teoría del arte, y en especial la literatura, fue su predilección y le dedicó varios libros. El texto que seleccioné es parte de *Arte y verdad objetiva*, citado por Adolfo Sánchez Vázquez en la publicación de la UNAM, *Antología de textos de estética y teoría del arte*.

Dice Lukács:

> Toda obra de arte importante crea un «mundo propio». Las personas, las situaciones, el curso de la acción, etcétera, poseen una cualidad particular que no les es común con otra obra de arte alguna y es absolutamente distinta de la realidad cotidiana. Cuanto más grande es el artista, cuanto más vigorosamente penetra su fuerza plasmadora todos los elementos de la obra de arte, con tanta mayor concisión se pone

88 Theodor Adorno. *Teoría estética*. Trad. Jorge Navarro Pérez. Ed. Akal. 2004. Pág. 27.

> de manifiesto en todos los detalles dicho «mundo propio» de la obra. Balzac dice a propósito de su *Comédie humaine*: «Mi obra tiene su geografía, lo mismo que tiene su genealogía y sus familias, sus lugares y sus cosas, sus personas y sus hechos; del mismo modo que posee también su heráldica, sus nobles y sus burgueses, sus artesanos y sus campesinos, sus políticos y sus dandis, su ejército y, en una palabra, su mundo».[89]

Apreciamos que el filósofo húngaro incide en el carácter de la obra artística como un ente redondo, completo, autónomo y sin fisuras. Alguna vez escuché la hipótesis de que la realidad que vivimos es fragmentaria. La experimentamos en un tiempo siempre roto, en episodios desgajados. El arte —en el caso del pasaje de Lukács, la literatura—, nos hace posible el conocimiento del mundo porque tiene la virtud de plasmar en una obra la unidad que necesitamos para rearmarnos interiormente tal realidad y encontrarle un sentido cabal.

La obra artística condensa los infinitos elementos que percibimos en el mundo y les otorga una perspectiva espiritual, intelectual y sensorial que pertenece única y exclusivamente al artista, creador de la obra concreta. Con esto último pretendo decir que concuerdo con lo dicho por el filósofo de Budapest.

Ahora bien, antes de brincar al siguiente tópico me permitiré compartirte unas bellas palabras de las muchas que escribió Octavio Paz. El siguiente párrafo no se refiere al arte en general sino en especial a la poesía, pero viene muy a propósito. Está contenido en su ensayo *El arco y la lira*. Y dice así:

---

89 Georg Lukács. *El reflejo de lo artístico en la realidad*. Citado por Adolfo Sánchez Vázquez. *Antología. Textos de estética y teoría del arte*. UNAM. 1978. Pág. 96.

La poesía es conocimiento, salvación, poder, abandono. Operación capaz de cambiar al mundo, la actividad poética es revolucionaria por naturaleza; ejercicio espiritual, es un método de liberación interior. La poesía revela este mundo; crea otro. Pan de los elegidos; alimento maldito. Aísla, une. Invitación al viaje; regreso a la tierra natal. Inspiración, respiración, ejercicio muscular. Plegaria al vacío, diálogo con la ausencia: el tedio, la angustia y la desesperación la alimentan. Oración, letanía, epifanía, presencia. Exorcismo, conjuro, magia. Sublimación, compensación, condensación del inconsciente. Expresión histórica de razas, naciones, clases. Niega a la historia: en su seno se resuelven todos los conflictos objetivos y el hombre adquiere al fin conciencia de ser algo más que tránsito. Experiencia, sentimiento, emoción, intuición, pensamiento no dirigido. Hija del azar; fruto del cálculo. Arte de hablar en una forma superior; lenguaje primitivo. Obediencia a las reglas; creación de otras. Imitación de los antiguos, copia de lo real, copia de una copia de la idea. Locura, éxtasis, logos. Regreso a la infancia, coito, nostalgia del paraíso, del infierno, del limbo. Juego, trabajo, actividad ascética. Confesión. Experiencia innata. Visión, música, símbolo. Analogía: el poema es un caracol en donde resuena la música del mundo y metros y rimas no son sino correspondencias, ecos, de la armonía universal. Enseñanza, moral, ejemplo, revelación, danza, diálogo, monólogo. Voz del pueblo, lengua de los escogidos, palabra del solitario. Pura e impura, sagrada y maldita, popular y minoritaria, colectiva y personal, desnuda y vestida, hablada, pintada, escrita, ostenta todos los rostros pero hay quien afirma que no posee ninguno: el poema es una careta que oculta el vacío, ¡prueba hermosa de la superflua grandeza de toda obra humana![90]

90 Octavio Paz. *El arco y la lira*. Obras completas. Tomo I. La casa de la presencia. Poesía e historia. FCE. 1999. Pág. 41.

Este párrafo, a mi parecer, tiene la forma de rezo y concita algunas de las ideas expuestas por los filósofos precedentes. Estaremos de acuerdo en que lo que Paz afirma para la poesía puede referirse para el arte en general.

Para rematar el tema del concepto del arte habremos de insistir en que la selección de textos de los pensadores fue, con toda evidencia, insuficiente y arbitraria. Puedo reconocer que, contra mi voluntad, he dejado fuera a gente muy importante. No obstante, subrayaré que la intención fue presentarte, querido hijo, estimados jóvenes, ciertas perspectivas de definiciones estéticas y comunicar que la problemática de esta área de la filosofía ha sido, es y será la preocupación de una gran diversidad de académicos.

La complicada palabra *fantasía*

Retornemos a las características de la creación artística.

En una primera instancia se acostumbra decir que el arte surge de la fantasía. Se afirma que la mente realiza una serie de funciones, de asociaciones de elementos abstractos y concretos, cuyo resultado es la imaginación de objetos no presentes.

Es un poco complicado hablar de la fantasía. Generalmente se cae en ciertos matices cursis al intentar su definición. A las pruebas me remito: *Sólo la fantasía permanece siempre joven. Lo que no ha ocurrido jamás no envejece nunca*, Schiller. *Sólo en las regiones de la fantasía es dado crear. Crear es la misión del genio*, Vargas Vila. *El pasado es historia, el futuro fantasía, y el presente se nos escapa día a día*, Anónimo. *Hay que contagiarse todos los días de fantasía para no enfermarnos de realidad*, otro Anónimo.

Ni qué decir. Tanta miel es peligrosa para la salud. Hablar de la fantasía es un poco escabroso y muy probablemente no escaparemos a la tentación de ese tipo de afectaciones, pues esa palabra, por lo regular, lleva a lo empalagoso.

Veamos si aquel lúcido autor italiano, Luigi Pirandello, logró vencer tales escollos al hablar de ella en el prólogo a su pieza teatral *Seis personajes en busca de autor*. Esto es lo que refiere:

> Hace muchos años sirve a mi arte (aunque parece que fuera ayer) una criadita agilísima, y por eso nada primeriza en el oficio. Se llama Fantasía. Es un poco despectiva y burlona. Aunque le gusta vestir de negro, nadie le negará que no tiene sus ocurrencias, así como nadie creerá que todo lo hace siempre en serio y sólo de esa manera. Mete la mano en el bolsillo, saca de él un gorrito de cascabeles, rojo como una cresta, se lo pone y desaparece. Hoy está aquí, mañana allá. Y se divierte llevando a casa, para que yo componga relatos, novelas y comedias, a la gente más insatisfecha del mundo: hombres, mujeres, muchachos, vinculados a extraños problemas de los cuales no saben cómo librarse; contrariados en sus proyectos, frustrados en sus esperanzas, y con quienes, en fin, de verdad que es muy fastidioso conversar.[91]

Hay varios elementos dignos de resaltar en las palabras de Pirandello. Me parece importante que nos hacer ver el hecho de que la fantasía es parte de su vida desde mucho tiempo atrás, quizás desde siempre, y por eso no tiene nada de *improvisada*. Le da el carácter de agilísima, despectiva y burlona, es decir, con una buena dosis de sagacidad e irreverencia. También resalta su inventiva y menciona que *lo acosa* llevándole cuentos y novelas sobre temas que le interesan: las personas que sufren y que habitualmente la gente no quiere tocar en las conversaciones. En conclusión, me da la impresión que Pirandello logró un perfil afortunado de la fantasía.

Podríamos decir que la fantasía, en efecto, es primordial en el arte. Hay que reconocer, sin embargo, que no toda creación es producto de lo imaginado. Como vimos al repasar a vuelo de pájaro el devenir de la historia del arte, una buena parte de las creaciones son reproducciones precisas de objetos ya existentes.

---

91 Luigi Pirandello. *Seis personajes en busca de autor*. Trad. Leonardo Valencia Assogna. Ed. El Mundo. Colección Millenium. Las 100 joyas del milenio. 1999. Pág. 5.

Pero comúnmente el artista añade algún aderezo o sazonador al objeto que quiere reproducir. En otras palabras, a pesar de que en ciertos casos puedan tratarse de reproducciones, el creador descubre dentro de sí mismo objetos que no están presentes en la realidad física y tangible. Entonces, decide traerlos *a la vida* tal y como se le presentan en su interior a fin de realizar una creación más completa, con mayor impacto.

Fantasía sería, pues, la acción que realiza la mente mediante la cual una persona crea imágenes para, posteriormente, a través de la labor creativa, pueda acceder a darles concreción. Ojo: *suena a definición pero sólo es una aproximación a su entendimiento.*

Se le suele dar a la fantasía una connotación de *emanación desbordada* de imágenes, formas o sucesos. He oído decir, por poner un ejemplo sencillo, que *Sueño de una noche de verano* es la obra más *fantasiosa* de Shakespeare.

Si para el que ejerce el arte es un elemento *sine qua non*, para amplios sectores de la sociedad la palabra *fantasía* tiene una connotación negativa, peyorativa, o por lo menos, inútil.

Que un cineasta posea una fantasía incontenible puede ser más que halagador; que un abogado tenga alto grado de fantasía no sonará tan conveniente; o que un médico cirujano sea famoso por sus fantasías a la hora de intervenir a alguien... quizás sea poco afortunado.

Ante esa evidencia podemos deducir que la fantasía, en el terreno del arte, es indispensable, mientras que en ciertos aspectos cotidianos debemos poner los pies en la tierra. Empero, la educación tradicional, tanto la escolar como la que imparte la familia y el círculo cercano de amigos, ha tendido a la anulación sistemática de la fantasía en una vida en ciernes.

Dentro de las cualidades a imponer en una persona en formación se encontrarán permanentemente el ser realista, concreto, práctico, cerebral. Hay que ver el mundo como es, no dejarse llevar por espejismos; un vicio muy perjudicial es soñar despierto, siempre hay que permanecer alertas; opina sobre lo que ves… no sobre lo que te gustaría ver. Se suele perder de vista que la imaginación de mundos alternos es una reacción natural contra la hostilidad de la vida. Tenemos la necesidad de *imaginar* porque la realidad cotidiana muchas veces nos parece insuficiente, a veces adversa, e incluso muchas ocasiones pedestre.

Niñas y niños, más propensos que nadie a la fantasía, experimentan una suerte de castración cerebral en la medida en que se les inculca la anulación de sus dotes imaginativas. El niño interpreta el mundo por medio de sus invenciones y así se adapta al entorno que con frecuencia es punzante y violento. La fantasía funge como una válvula de escape al mundo dominado y reglado por adultos; le hace posible al niño vivir una vida más satisfactoria: la que es producto de su invención y que se materializa en sus ensoñaciones. O también, por qué no, en su contacto con el arte.

Traigo a colación algunas palabras de Bruno Bettelheim en su clásico texto *Psicoanálisis de los cuentos de hadas*:

> Para que una historia mantenga de verdad la atención del niño, ha de divertirle y excitar su curiosidad. Pero, para enriquecer su vida, ha de estimular su imaginación, ayudarle a desarrollar su intelecto y a clarificar sus emociones; ha de estar de acuerdo con sus ansiedades y aspiraciones; hacerle reconocer plenamente sus dificultades, al mismo tiempo que le sugiere soluciones a los problemas que le inquietan. Resumiendo, debe estar relacionada con todos los aspectos de su personalidad al mismo tiempo; y esto dando pleno crédito a la seriedad de los conflictos del niño, sin disminuirlos en absoluto, y estimulando, simultáneamente, su confianza en sí mismo y en su futuro.[92]

---

92 Bruno Bettelheim. *Psicoanálisis de los cuentos de hadas*. Ed. Culturales Paidós. Crítica. Biblioteca Gandhi. 2017. Pág.11.

En el caso particular de los cuentos de hadas —cuya característica esencial es la enorme fantasía—, los beneficios en la comprensión de la realidad, la canalización adecuada de los impulsos imaginativos y las repercusiones formativas en los niños son incomparables. Hay que tomar en cuenta que las historias que consideramos infantiles son producto de una larga tradición que involucra mitos ancestrales y sabiduría popular. Por lo menos así lo consignaron, entre otros, los hermanos Grimm. Esos cuentos están plagados de símbolos, significados, valores, en unas ocasiones sutiles, en otras explícitos, que inciden en la mente del receptor. Así lo explica Bettelheim:

> Para poder dominar los problemas psicológicos del crecimiento —superar las frustraciones narcisistas, los conflictos edípicos, las rivalidades fraternas; renunciar a las dependencias de la infancia; obtener un sentimiento de identidad y de autovaloración, y un sentido de obligación moral—, el niño necesita comprender lo que está ocurriendo en su yo consciente y enfrentarse, también, con lo que sucede en su inconsciente. Puede adquirir esta comprensión, y con ella la capacidad de luchar, no a través de la comprensión racional de la naturaleza y contenido de su inconsciente, sino ordenando de nuevo y fantaseando sobre los elementos significativos de la historia, en respuesta a las pulsiones inconscientes. Al hacer esto, el niño adapta el contenido inconsciente a las fantasías conscientes, que le permiten, entonces, tratar con este contenido. En este sentido, los cuentos de hadas tienen un valor inestimable, puesto que ofrecen a la imaginación del niño nuevas dimensiones a las que le sería imposible llegar por sí solo. Todavía hay algo más importante, la forma y la estructura de los cuentos de hadas sugieren al niño imágenes que le servirán para estructurar sus propios ensueños y canalizar mejor su vida.[93]

93 Ídem. Págs. 13-14.

¿Y lo que se dice para los niños podría afirmarse también para personas de otras edades? Por supuesto que sí. La fantasía es un don con el que se nace pero que se deja de ejercitar.

Haciendo a un lado el uso de la fantasía, o al acto de *fantasear* en momentos poco oportunos —como dijimos: el del abogado delante del jurado o el cirujano en la plancha de operaciones—, la fantasía está detrás de muchas actividades. La arquitecta que casi en sueños imagina su próxima construcción, el diseñador de autos que vislumbra su siguiente prototipo, la diseñadora en informática que planea un revolucionario programa computacional, el escultor que intenta resolver un monumental y dificultoso trabajo por encargo, todos ellos hacen uso de la fantasía en su más pura esencia y buscando óptimos resultados.

Un punto adicional: por su propia naturaleza, la fantasía está íntimamente asociada a las capacidades sensoriales, emocionales. La imaginación llega invariablemente cargada de emociones, no se razona. Si acaso se analiza luego de que se experimenta, pero no para propiciarla. La imaginación está más vinculada a los sentimientos y a la libertad. Por su parte, el pensamiento analítico se vincula, obviamente, a la razón, a la actividad más asociada a lo cerebral.

A causa de estas características se ha tendido a simplificar dichas funciones —las operaciones cognitivas son más complejas que lo hasta aquí esbozado—, y por lo tanto la sociedad acostumbra hacer una división injusta: se piensa que la fantasía emerge de nuestro lado vulnerable, débil, femenino mientras que la reflexión tendría componentes recios, calculadores, masculinos. Así —según los cánones sociales—, una artista sí podría dejarse arrollar por una cascada de emociones y, en cambio, un físico nuclear difícilmente conocería el poder de una lágrima.

¿Qué consecuencias acarrean tales estereotipos? Que un jovencito que ansía ser bailarín sea visto con malos ojos —como en el elocuente ejemplo de *Billy Elliot*—, o que una delicada muchachita padezca obstáculos para ser ingeniera civil. Duele decir que esa forma de pensar se ha llevado por delante muchas vidas, muchas carreras, muchas vocaciones y talentos. Afortunadamente, el cambio de paradigmas ha ganado, poco a poco, algunos espacios.

Si por un lado es importante aprender a reflexionar, a tener sentido analítico, a discurrir correctamente, también lo es el dedicar una buena parte de nuestro tiempo a recuperar la facultad de la fantasía. Que quede muy claro: la fantasía es un privilegio, un don de todo ser humano y no sólo de los artistas. Y aún más: la fantasía debe tener aplicaciones concretas, ser parte indisoluble de nuestra vida diaria. Queridas y queridos jóvenes, amado José *Arturini*, debemos aprender a utilizar la imaginación creativa para vislumbrar la vida que deseamos.

Armonía, ritmo, fealdad, lo sublime

En gran parte de las definiciones se tiene a *la armonía* como un componente ineludible de la belleza. ¿Y qué es la armonía? Podríamos aventurarnos a decir que *es el adecuado equilibrio entre los componentes del objeto artístico.*

No hay que entusiasmarse demasiado. La definición dice mucho y a la par no dice gran cosa. ¿Cómo saber cuál es ese *adecuado equilibrio*? Si tuviera que ver con la precisión de ciertas ecuaciones, cualquier especialista en ecuaciones elaboraría obras maestras. Y no es así. Desde Pitágoras a la fecha se ha tratado de desentrañar el misterio de la armonía artística.

Evidentemente tiene que ver con cierta medida, con determinada mesura de elementos, con una proporción en la construcción de la obra —así sea literaria, escultórica, pictórica o musical— que nos haga admirable e irrebatiblemente bello el resultado. Desde esta perspectiva, armonía tiene una estrecha relación con el *orden*. Podríamos advertir que en toda obra de arte hay un orden, una balanceada colocación de ingredientes. Incluso se suele explicar la maestría de ciertas obras por el uso de la proporción áurea o sucesión de Fibonacci, que un matemático te podrá aclarar cabalmente.

Ese orden nos lleva a otro término que frecuentemente se asocia a la belleza: la *simetría.* Se trata de uno de los principales recursos del artista, muchas veces utilizado por intuición, mediante el cual otorga a su obra una estructura formal en la que ningún elemento sobra, pesa de más, o resalta de manera que la obra pierda fuerza o expresividad. Sin embargo, con frecuencia el arbitrio del artista le dicta crear basado en la asimetría para obtener mejores efectos.

Igualmente se dice que una obra tiene ***ritmo*** cuando sus elementos guardan una proporción en el tiempo y existe una correcta repetición de motivos o acentos. El ritmo —o *tempo*— no sólo se usa en música. También puede afirmarse que hay ritmo en una obra teatral, un poema, un cuento, una novela, una pintura o una escultura. Puede inferirse que el ritmo en el arte está asociado con los ritmos propios de la naturaleza. Hay ritmo en el paso del día a la noche, en la alternancia de las estaciones, en la pleamar y la bajamar, en nuestros sístole y diástole, en nuestra respiración. Incluso hay estudiosos de las formas plásticas que pueden explicarnos el ritmo que existe en el diseño de una flor, en las alas de las mariposas o en el mismo cuerpo humano.

El artista hace acopio de una diversidad de recursos que ocupará según su albedrío. Si bien en épocas clásicas se apegó a patrones bien delimitados, con el tiempo se decidió romper moldes. Así, en etapas como el barroco se experimentó con otros tipos de medidas, hasta llegar a jugar con lo desproporcionado. «Había que poner en tela de juicio la belleza clásica», se argumentó.

Eso nos obliga a una pregunta: ¿puede lo desproporcionado, lo inarmónico, lo feo tener cabida en el arte?

Como afirmamos al inicio de nuestra plática, el arte ha tenido un camino plagado de vericuetos y, en efecto, ha puesto en la palestra a *la fealdad* como valor estético. El tema ha sido abordado, entre otros, por Umberto Eco, quien en su *Historia de la fealdad* nos explica que podemos identificar tres fenómenos distintos: la fealdad en sí misma, la fealdad formal y representación artística de ambas. Esta última es la que nos atañe por el momento. La fealdad ha corrido aparejada con la belleza. Una implica a la otra, así como en la Ética se estudia el bien y el mal.

Ahora bien, si la belleza es difícil de encuadrar, lo mismo sucede con la fealdad. Nietzsche ofrece una definición en *El ocaso de los ídolos*:

> Todo indicio de agotamiento, de pesadez, de senilidad, de fatiga, toda especie de falta de libertad, en forma de convulsión o parálisis, sobre todo el olor, el color, y la forma de la disolución y de la descomposición... todo esto provoca una reacción idéntica, el juicio de valor de lo «feo»... ¿A quién odia aquí el hombre? No hay duda: odia la decadencia de su tipo.[94]

Se advierte que para el filósofo alemán la fealdad es un concepto creado por el hombre en su más entera vanidad. Es feo lo que se aparta de los perfiles humanos. Es bello lo que nos refleja. Lo bello nos seduce, lo feo nos repugna. Pero a pesar de las reacciones repelentes, esas emociones negativas pueden ser también parte de la experiencia estética. Algunas representaciones artísticas provocan, mediante su repugnancia, que nuestros sentidos se estremezcan y nuestras fibras sensibles se conmuevan y descubran que, contemplando lo horrible, quizá podamos después percibir mejor la luminosidad.

Si bien en la pintura la fealdad fue abriéndose brecha hasta ser protagónica en artistas como Rembrandt, Velázquez o

94 Friedrich Nietzsche. El crepúsculo de los ídolos. Citado por Umberto Eco en Historia de la fealdad. Trad. María Pons. Irazazábal. Ed. DeBolsillo. 2014. Pág. 15.

Goya, en la actualidad es poco probable que no entremos en contacto, así sea en cine, en la literatura, o hasta en las letras de las canciones, las series de televisión y sobre todo en la publicidad, con la exaltación de la fealdad y lo grotesco.

En la era que corre, lo repulsivo es el sello distintivo de la imagen en cualquiera de sus presentaciones. El aire que respiramos está impregnado por una rebeldía ante la belleza clásica. La cultura de lo repugnante se aprende desde los dibujos animados. Los niños del nuevo milenio contemplan con naturalidad e indolencia caricaturas que décadas atrás hubieran aterrorizado a cualquier adolescente. En una tarde tediosa un par de jóvenes pueden ver ríos de sangre, vómitos, estallidos de vísceras, sesos embarrados en pisos y paredes y más de un centenar de muertos simplemente contemplando un par de series de televisión que, antes de dar inicio, un letrero nos recomienda ver «con discreción».

Eso no es privativo del cine o las series. Hasta la prensa más *intelectual* busca presentar imágenes que causen escándalo y atraigan el morbo. Entre una noticia sobre los increíbles hallazgos en los procesos de investigación de una eminencia de la medicina de alguna universidad y un crimen multitudinario en un bar del centro de X ciudad, los periódicos habrán tomado su decisión en un segundo y sin pensarlo.

Como asienta Umberto Eco en su mencionada *Historia de la fealdad*, no nada más se trata de la violencia, la fealdad y lo grotesco en los medios de comunicación en masa. *El arte contemporáneo también practica la fealdad y la celebra*, nos dice Eco. Para muestra ahí está el éxito de Frida Kahlo, Stephen King, Fernando Botero o la *Fura dels Baus*. Parodiando una frase también expuesta por Eco, *lo horrible dispara las ventas.*[95]

95 Ídem. Pág. 422.

Quizás, y lo digo como pregunta, tendría razón Karl Rosenkranz en su *Estética de la fealdad*,[96] al decir que detrás de toda expresión de fealdad hay un génesis que partió de lo bello para deformarlo hasta llegar a lo vulgar, lo cómico o lo caricaturesco, y en el fondo de esa metamorfosis hay un hondo juicio moral. Lo feo es una denuncia de la insoportable presencia del mal. Tal vez, en el sustrato más profundo de este enorme festejo de la fealdad, existe una sutil añoranza de la belleza. Sin ese pensamiento sería imposible entender a creadores de anteriores épocas como el Bosco, Edgar Allan Poe, Lovecraft y Lautréamont.

Rosenkranz nos habla de la relación que hay entre lo feo y lo negativo e imperfecto. Sobra decir que esa observación que el filósofo hace para el arte nosotros debemos hacerla para nuestras vidas. A reserva de abundar en dichos conceptos en el último capítulo, habremos de reconocer que con frecuencia intentamos esconder bajo la alfombra las cosas negativas e imperfectas que nos suceden, cuando en realidad nuestra mayor fortaleza, lo que nos da solidez, lo que nos ayuda a definirnos mejor, es precisamente el reconocimiento de las asimetrías, errores, fracasos, imperfecciones y contrariedades que experimentamos. Gracias a esas caídas es como podemos orientarnos hacia la búsqueda de la verdad, el bien y la belleza en nuestras vidas.

El último elemento del arte que tocaremos es el de *lo sublime*. Apenas al escuchar la palabra sublime la asociamos a lo grandioso, lo excelso, lo elevado. Justamente *sublime* proviene del latín *sublimis* que significa elevar, alzar del suelo. Pensamos de inmediato en que el término evoca algo artístico y moralmente hermoso, puro, verdadero.

---

96 Karl Rosenkranz. *Estética de lo feo*. Traducción y edición Miguel Salmerón. Colección Imaginarium No. 5. 1992. Págs. 192-193.

Edmund Burke —citado por Miguel Ángel Gaete en su artículo *Ad infinitum: implicaciones de lo sublime en la contemporaneidad*— nos dice que lo sublime es aquella experiencia estética que requiere de todos nuestros sentidos, llevándolos incluso al colapso.[97] Hay que tomar en cuenta que ello implica no sólo lo bello, sino también otras categorías como lo ominoso, lo terrible, lo trágico, lo doloroso. Todo eso puede conjugarse para desarmar cualquier defensa racional que pudiéramos oponer y, al final, accederíamos a esa vivencia elevada, espiritual, extática que es lo *sublime*. Lo sublime rebasa todo límite, nos sobrepasa, nos produce un vértigo sobrecogedor, pasmoso.

Se dice que las expresiones más depuradas de lo sublime las encontramos en la naturaleza. Sólo que para que esa experiencia se dé, es necesario el ojo del ser humano. Un cielo negro y estrellado, un acantilado al pie de la bruma del mar, una furiosa tormenta plagada de rayos... Si el arte sale de lo ordinario, lo sublime alcanza alturas indecibles.

Por supuesto también hay obras de arte que alcanzan la categoría de lo sublime y, como hemos afirmado, al intervenir el factor subjetivo, lo que para algunos es una obra de arte sublime, para otros no lo es. Muchos podrán convenir en que la obra de Mozart, la Capilla Sixtina, la Divina Comedia, son sublimes, aunque quizás haya quien discrepe.

Indudablemente debe haber una fuerte dosis de espiritualidad para definir lo sublime. Ante lo inconmensurable, el espectador siente la íntima alegría de estar vivo, percibe la presencia de un orden creador del universo, y de forma simultánea adquiere conciencia de su vulnerabilidad, su finitud, su carácter efímero. Es decir, ante lo sublime se asiste a un acto

---

97 Miguel Ángel Gaete. *Ad infinitum: implicaciones de lo sublime en la contemporaneidad*. Fedro. Revista de Estética y Teoría de las Artes. Número 14. 2015. Pág. 37.

de *revelación*. Quizás esta última palabra es la que, desde mi punto de vista, le daría su cabal naturaleza.

Deliberadamente me dejaré caer por el más proclive subjetivismo y, bajo el riesgo de que no estés de acuerdo, amado José Arturo, muchachas y muchachos, les quiero presentar el que, a mi gusto, es uno de los pasajes más sublimes de la literatura. Me refiero al recuento caótico que hace Jorge Luis Borges en su obra magistral, *El Aleph*. Les recuerdo que el cuento trata de un personaje que, por determinadas circunstancias, se topa con un sitio insólito y sobrenatural, un punto en el espacio en el que se pueden contemplar todos los puntos. Dejemos que hable el Escritor:

> En la parte inferior del escalón, hacia la derecha, vi una pequeña esfera tornasolada, de casi intolerable fulgor. Al principio la creí giratoria; luego comprendí que ese movimiento era una ilusión producida por los vertiginosos espectáculos que encerraba. El diámetro del Aleph sería de dos o tres centímetros, pero el espacio cósmico estaba ahí, sin disminución de tamaño. Cada cosa (la luna del espejo, digamos) era infinitas cosas, porque yo claramente la veía desde todos los puntos del universo. Vi el populoso mar, vi el alba y la tarde, vi las muchedumbres de América, vi una plateada telaraña en el centro de una negra pirámide, vi un laberinto roto (era Londres), vi interminables ojos inmediatos escrutándose en mí como en un espejo, vi todos los espejos del planeta y ninguno me reflejó, vi en un traspatio de la calle Soler las mismas baldosas que hace treinta años vi en el zaguán de una casa en Fray Bentos, vi racimos, nieve, tabaco, vetas de metal, vapor de agua, vi convexos desiertos ecuatoriales y cada uno de sus granos de arena, vi en Inverness a una mujer que no olvidaré, vi la violenta cabellera, el altivo cuerpo, vi un cáncer en el pecho, vi un círculo de tierra seca en una vereda, donde antes hubo un árbol, vi una quinta de Adrogué, un ejemplar de la primera versión inglesa de Plinio, la de Philemon Holland, vi a un tiempo cada

letra de cada página (de chico, yo solía maravillarme de que las letras de un volumen cerrado no se mezclaran y perdieran en el decurso de la noche), vi la noche y el día contemporáneo, vi un poniente en Querétaro que parecía reflejar el color de una rosa en Bengala, vi mi dormitorio sin nadie, vi en un gabinete de Alkmaar un globo terráqueo entre dos espejos que lo multiplican sin fin, vi caballos de crin arremolinada, en una playa del Mar Caspio en el alba, vi la delicada osatura de una mano, vi a los sobrevivientes de una batalla, enviando tarjetas postales, vi en un escaparate de Mirzapur una baraja española, vi las sombras oblicuas de unos helechos en el suelo de un invernáculo, vi tigres, émbolos, bisontes, marejadas y ejércitos, vi todas las hormigas que hay en la tierra, vi un astrolabio persa, vi en un cajón del escritorio (y la letra me hizo temblar) cartas obscenas, increíbles, precisas, que Beatriz había dirigido a Carlos Argentino, vi un adorado monumento en la Chacarita, vi la reliquia atroz de lo que deliciosamente había sido Beatriz Viterbo, vi la circulación de mi oscura sangre, vi el engranaje del amor y la modificación de la muerte, vi el Aleph, desde todos los puntos, vi en el Aleph la tierra, y en la tierra otra vez el Aleph y en el Aleph la tierra, vi mi cara y mis vísceras, vi tu cara, y sentí vértigo y lloré, porque mis ojos habían visto ese objeto secreto y conjetural, cuyo nombre usurpan los hombres, pero que ningún hombre ha mirado: el inconcebible universo.[98]

98 Jorge Luis Borges. *El Aleph*. Emecé Editores. 1989. Págs. 260-262.

El arte del bien

La ética lo es todo.

Con esa primera frase quiero decir que es la base de lo que somos y hacemos. Si hay mucho de verdad en la sentencia de que somos animales políticos, no carece de razón quien ha dicho que, seguidamente, somos seres éticos.

El tema moral ha sido brillantemente abordado por tantos pensadores a lo largo de la historia de la filosofía que prácticamente sería una temeridad hacer afirmaciones sobre preguntas que han recibido tratamientos lúcidos y profundos. Lo que modestamente les estoy proponiendo, José Arturo, jóvenes, es esbozar algunas cuestiones sobre los valores éticos para posteriormente ligarlos al valor de lo bello y finalmente sugerir a ambos como factores que pueden actuar positivamente en nuestras vidas.

Una obligada aclaración: sé que moral y ética no son sinónimos en estricto sentido. *La ética es la reflexión sobre los preceptos morales, y la moral estará conformada por normas y costumbres que pertenecen a una época y lugar determinados.* Eventualmente los utilizaremos de forma indistinta. Ofrezco mis más encarecidas disculpas por tomarme tal atrevimiento. Ya buscaré otro instante para discurrir sobre ese interesante deslinde de términos.

Comencemos. Si somos seres que únicamente podemos vivir en sociedad, se hace imprescindible el establecimiento de determinadas reglas que hagan posible la convivencia. De no haberse seguido una serie de códigos de conducta hace mucho tiempo el género humano habría desaparecido de la faz del planeta. El hombre primitivo logró la supervivencia tanto por el uso de la inteligencia para vencer a bestias superiores en habilidades y fuerza como por las facultades que desarrolló para coordinarse con sus semejantes, para saber construir relaciones en mínima concordia. Somos en sociedad y eso demanda reglas de conducta.

Hay varios tipos de normas. Unas son las que emanan de las creencias religiosas y regulan nuestro estado interno en relación directa con la divinidad. Otras normas buscarán hacer posible los vínculos sociales y nos impondrán ciertas conductas, al grado de apelar a acciones coercitivas si no las obedecemos. Finalmente, algunas normas tendrán su fuente en nuestro interior y nos dictarán cómo obrar frente a los demás y de conformidad con nosotros mismos. Acabamos de bosquejar, de forma sumarísima, lo que son las normas religiosas, las normas jurídicas y las normas morales. Procuraremos escarbar un poco más en la naturaleza de las normas morales, también denominadas *éticas*.

En el interior de cada sujeto hay una voz que le dice qué hacer en determinado caso, qué acto omitir, qué es mejor y qué no. Es lo que llamamos conciencia. ¿*Conciencia* de qué?, cabría preguntar. La respuesta inmediata sería: *de lo que es bueno*. Y por fuerza llegaríamos a un tema debatido desde que el ser humano es ser humano. ¿Qué es *bueno*? O, por el contrario, ¿qué no lo es?, O bien, ¿qué es *malo*?

Existe un concepto amplio de *conciencia*, entendida ésta como forma de percepción de la realidad, de lo que nos rodea. La conciencia es la que da cuenta de lo que experimentamos, del correr del tiempo, de lo que planeamos, de lo que memorizamos, de lo que imaginamos, de lo que configura el exterior, de lo que son los demás. Al decir de la ciencia, es producto de nuestra evolución y nos ha servido para sobrevivir al darnos la información que requerimos sobre el mundo externo, el sitio que ocupamos en él y cómo adaptarnos. Gracias a esa conciencia es que tenemos un *yo óntico. Sé que yo soy yo, algo distinto de lo demás.*

Hay un punto más específico de *conciencia* y que también ha sido resultado de nuestra evolución y, concretamente, del desarrollo cultural. Es la función mental que nos ayuda a relacionarnos con los demás, a reflexionar sobre los comportamientos ajenos y propios, y a fijar nuestra creencia en determinados *valores* que consideramos fundamentales. *Sé que yo debo creer en tal cosa, si no, corro el riesgo de dejar de ser yo, de ser un poco menos yo*. Ese es el que llamaremos *yo deóntico*.

Haré una brevísima digresión para recordar unos versos que mi padre, lector apasionado, me enseñó. Son de Gaspar Núñez de Arce:

Conciencia nunca dormida
mudo y pertinaz testigo
que no dejas sin castigo
ningún crimen en la vida.
La ley calla, el mundo olvida.
Mas, ¿quién sacude tu yugo?
Al Sumo Hacedor le plugo
que a solas con el pecado
fueses tú para el culpado
Delator, Juez, y Verdugo.[99]

---

99 Gaspar Núñez de Arce. *Poema El vértigo*. Visto el 13/08/2024 en http://www.los-poetas.com/o/gaspar.htm.

Retomemos. El yo óntico me dice lo que soy; el yo deóntico me determina lo que debo ser. Ambos trabajan de forma conjunta. Entre los dos se intercambian datos que recaban tanto de las vivencias internas como de las externas a fin de proteger al yo, moldearlo y planear su provenir. Así, el yo integral es la resultante de un *ser* y un *deber ser*. Un hombre jamás podrá conformarse con sólo la supervivencia. Necesita algo más. Parte de ese *algo más* lo constituirán sus *valores*, y entre ellos estarán el *bien* y lo *bueno*.

Suele afirmarse que tener *conciencia* —en el sentido del deber ser— es abocarse a la búsqueda de lo bueno. La infatigable labor de la conciencia la lleva a apercibirse de una escala, una jerarquización, un orden de valores que cada individuo irá encontrando tanto en la sociedad en la que vive como en la actividad de introspección, para de tal manera, tener convicciones.

Lo ideal sería que la conciencia estuviera apegada a lo bueno, pero no siempre resulta así. El yo óntico, cuando entra en contacto con la realidad exterior, puede equivocarse en los datos obtenidos —a causa de la propensión de los sentidos al engaño—, y suponer que tal o cual experiencia no va a doler y el resultado es todo lo contrario, es decir, un golpe físico que lastima y duele. Creemos que hemos visto en una persona clarísimas señales de que no le somos indiferentes, le gustamos, es más, nos ama, y al decidirnos a hablar con ella resulta que le desagradamos hasta el aborrecimiento. De la misma manera, el yo deóntico también puede caer en engaños disfrazando los acontecimientos con el objetivo de hacernos creer que buscamos determinados valores cuando la verdad de las cosas es que estamos siendo movidos por intereses no del todo transparentes. Son los famosos y muy estudiados *sesgos cognitivos*.

Trataré de explicarme mejor: toda conciencia opera con valores. Por supuesto, hay excepciones: personas que no estén correctamente desarrollados mentalmente, como un niño muy pequeño, o un débil mental, o alguien con un trastorno psicopático que precisamente le distorsione la concepción de valores.

Si no se está en uno de esos casos, una persona puede afirmar cuándo una acción es buena y cuándo es mala. A lo largo de la vida vivida elaboramos una especie de sistema métrico mediante el cual «medimos» lo que es bueno y lo que es malo. Será bueno lo que creemos que nos conviene, lo que nos hace mejores, lo que nos da satisfacción. Luego entonces será malo lo que no nos conviene, lo que nos hace peores, lo que no nos satisface.

La cosa se complica por lo difícil de definir lo bueno y lo malo. Se ha dicho que lo bueno es lo que construye y lo malo lo que destruye. En una primera instancia suena lógico, pero habrá acciones cuya labor constructiva o destructiva no sea tan nítida. Incluso podríamos aventurarnos a afirmar que en una situación dada por lo general convergen valores que se contraponen, entran en conflicto y nos colocan en dilemas difíciles de resolver. Eventualmente, cuando tenemos frente a nosotros un problema que podríamos catalogar de sencillo, en ese momento, somos afortunados pues *regularmente se decide en medio de encrucijadas.*

Habíamos tocado en un capítulo anterior el concepto del autoengaño. Volvamos a él. Supongamos que un día, por un hecho difícil de explicar, tenemos dinero de más. Mucho dinero. Podemos gastarlo a nuestro antojo. Estamos indecisos: no sabemos si mandar reparar el auto —que ya necesita urgentemente serios arreglos—, comprar dos boletos para ir con una persona que nos gusta al próximo concierto que dará nuestro grupo musical favorito, pagarnos un curso intensivo de fin de semana para aumentar nuestros conocimientos, o ayudar a un pariente que pasa por severos problemas económicos. Todas las opciones nos parecen pertinentes. ¿Qué hacer? En este caso hipotético, si atendiéramos a un criterio gradual quizás sabríamos muy en el fondo que la decisión *bondadosa* sería inclinarnos por dar el dinero a nuestro familiar en tribulaciones. Pero lo que enturbiaría la resolución sería la entrada a escena de justificaciones que harían inclinar la balanza hacia otra dirección. Nuestra mente es capaz de trabajar horas extra con tal de fabricar pretextos que nos sonarán muy convincentes. Muchas veces eso es lo que hacemos. Una de las primeras cosas que desarrollamos es el poder de la justificación para no afrontar una verdad que, en otras condiciones, nos parecería clara.

Robert Spaemann —en su texto *Ética: cuestiones fundamentales*— menciona lo siguiente: *La bondad de un acto tiene que ver con la atención, con una mirada limpia de la realidad. ¿Qué es lo que puede enturbiarla? La fuerza del sentimiento momentáneo, la sensibilidad, la ambición, los ideales.*[100]

No cabe duda que estamos ante una elegante y decorosa definición: *una acción buena es la que mira de forma limpia la realidad.* Hermoso… pero no nos aclara mucho. El mismo Spaemann reconoce el embrollo en el que entró cuando, un párrafo delante cita a Platón y su definición de lo bueno: *el buen comportamiento es bueno gracias a su bondad.* Junto con pegado. Piedra con guijarro. El filósofo alemán acepta lo elusivo del enunciado y el riesgo constante de caer en tautologías, en perogrulladas. Se procede así: se antepone un término absoluto y se vincula a una frase que encierre igualmente otro concepto absoluto que en realidad es el elemento a definir. Laberinto irresoluble.

Más adelante, en su excelente libro, Spaemann nos ofrece una salida: buscar la respuesta a *qué es lo bueno* en nuestras

---

100 Robert Spaemann. *Ética: cuestiones fundamentales*. Versión española José María Yanguas. Ed. Eunsa. Ed. Univ. De Navarra. 2007. Pág. 109.

relaciones con los demás, tal y como lo pensó Kant con el planteamiento del imperativo categórico *trata a los demás como quieres que los demás te traten*. Algo que no podemos concebir por ningún motivo es que seamos tomados como cosas, que otros nos utilicen como medios para la consecución de sus fines. *Cada persona es un fin en sí mismo*, sentencia Kant. Por ende, lo bueno es reconocer en los otros la calidad de persona y tratarlos como tales y, naturalmente, procurarnos a nosotros mismos esa calidad.

Estaríamos, pues, en condiciones de afirmar que estamos ante una regla universal. *Todo ser humano es un fin en sí mismo.* Spaemann abunda en esa norma al señalar que Kant complementó de la siguiente manera: *el ser humano no tiene valor sino dignidad*. Mediante la dignidad se excluye toda posibilidad de que seamos tomados sólo como parte de un todo, como un factor, un número, una diminuta raya en una estadística. Cada uno de nosotros somos una totalidad, una completitud que posee sentido propio por el solo hecho de *ser*.

Si alguien toma una decisión en la que nos *cosifique* estaremos en posibilidades de protestar porque esa medida es *mala*. Si yo accedo a que alguien más me utilice como un simple objeto intercambiable podré decir que eso es indigno y tal acción que tomo contra mí mismo no es buena. De esta línea de pensamiento se colige que *toda persona merece respeto incondicional*. Tomando esa premisa podremos establecer cuál acción es buena y cuál no. Incluso ese postulado puede ser extendido en el espacio y en el tiempo. Se puede aplicar a lo que nos rodea. El talador de bosques obtiene un lucro con un bien que es de todos; al destruir no nos toma en cuenta y la naturaleza, que también merece ser respetada, es perjudicada por un interés personal. El político que roba el dinero que nosotros damos a través de los impuestos para destinarse en obras que beneficien a la sociedad y él usa para comprarse un yate, sabe que nos está usando como un medio para sus fines personales. El industrial que contamina un río justificándose con la idea de que en el porvenir alguien habrá de solucionar los problemas que él causa ahora, no piensa en las generaciones futuras como personas que sufrirán su mala acción sino como un objeto incorpóreo y difuso, ni en el respeto y la dependencia que tenemos todos hacia el agua.

Las tres actividades mencionadas son ejemplos elementales de actos inmorales que atentan contra la dignidad de las personas, y en dos de los casos, no guardan el respeto que se debe tener a nuestro ecosistema. Es cierto, la naturaleza nos brinda sus beneficios pero ella también debe ser vista como un fin en sí mismo. Eso lo sabían muchos pueblos ancestrales. Es un valor que se fue perdiendo con el tiempo y habría que rescatarlo. Es urgente poner en tela de juicio el concepto de *progreso*. La ciencia y la tecnología han logrado avances espectaculares pero hace falta entender que, si siguen sin respetar al planeta, sus aparentes logros serán el viento que irá apagando poco a poco el aliento de la vida en la tierra. Gracias al *progreso* la expectativa de vida se ha prolongado, la producción alimenticia se ha incrementado, el mundo está mejor comunicado, y hay muchos beneficios evidentes, pero también es claro que tal idea de *progreso* se ha vestido con un velo de engaño que, si bien por un lado nos ha procurado mayor bienestar, por el otro está obstruyendo un asunto postergado: el desarrollo espiritual. Los avances obtenidos hasta el momento —y presumo que así seguirán— se han dado en el conocimiento que repercute en determinados bienes materiales. Para colmo, esa noción de *progreso* ha servido para justificar las supuestas utilidades de cúpulas económicas sátrapas, base de Estados en apariencia democráticos pero que en realidad son dictatoriales. No obstante, ese es otro tema y ya habrá tiempo para abordarlo.

Sin embargo, respecto al tema del progreso podríamos, quizás, llegar a otra importante premisa. No todo lo que podemos hacer lo debemos hacer. Los desmesurados avances en los terrenos científico, tecnológico e industrial han presumido de sus innovaciones alucinantes, pero nadie se ha detenido a cuestionar los límites éticos de sus alcances. Simple ejemplo: la industria automotriz sigue boyante. ¿Cuántos autos más podrá soportar una ciudad?

Insisto: de forma permanente hay valores que colisionan. Es muy complejo establecer de antemano cual valor debe predominar por encima de otros. Nos podrán ayudar nociones fundamentales como la dignidad y el respeto. Pero ante todo, es necesario fomentar el criterio. Sólo mediante un juicio razonado es posible encontrar certezas en el mundo ético. Querido hijo, estimados jóvenes, para afianzar este postulado deseo terminar el pasaje dedicado a la ética con un elocuente párrafo del pensador español Gustavo Bueno contenido en su libro *El sentido de la vida*:

> La dialéctica de la vida moral sugiere la necesidad de un ejercicio del juicio moral, de una utilización del razonamiento moral (porque no puede hablarse de una «conciencia intuitiva», espontánea, capaz de determinar infaliblemente y de modo súbito la justeza de una resolución ética o moral). El juicio ético o moral no es producto de un rapto místico; exige una reflexión o razonamiento tales que lo aproximan, a veces, al juicio geométrico. La prudencia ética o moral requiere cálculo, analogías, advertencia de las contradicciones, deliberación, consideración de consecuencias, apelación a principios; requiere «pensar». Un juicio ético o moral puede ser discutido siempre: el dictado de mi conciencia, si no se apoya en argumentos racionales, carece de todo significado moral o ético, aunque pueda tener un claro significado psicológico o social. Sin duda, el debate sobre juicios éticos o morales no permite

siempre llegar a conclusiones apodícticas y universales, como ocurre con los debates geométricos, *pero permite llegar a conclusiones necesarias en algunos casos, las suficientes para quebrantar los principios del relativismo moral o ético*[101] (la cursiva es mía).

101 Gustavo Bueno. *El sentido de la vida. Seis lecturas de filosofía moral.* Ed. Pentalfa. 1996. Págs. 87-88. Visto el 22/07/2024 en: http://fgbueno.es/gbm/gb96sv.htm.

¿Ética *vs* estética?

Intentemos dilucidar un aspecto central de nuestra plática: *¿lo bello debe ser bueno?*

Toda expresión artística, por modesta o ambiciosa que sea, por simple o compleja que nos parezca, dentro de cualquier disciplina, ya sea convencional o de extrema vanguardia, tiene tras de sí valores de diversa índole susceptibles de reflexión. Pueden ser valores estéticos, éticos, filosóficos, políticos e incluso prácticos.

Es posible que una obra nos parezca extremadamente bella pero su premisa ética nos incomode y no estemos para nada de acuerdo con ella. O, por el contrario, una expresión artística determinada puede corresponder perfectamente con nuestra forma de pensar sobre el bien y el mal, pero estéticamente no nos mueva muchas fibras.

Se ha debatido siempre sobre si el arte contiene, o debe contener postulados morales; o si una obra de impecable factura artística puede desmerecer al poseer contenidos éticos considerados contrarios a la idea común; o si un artista que produce materiales excelsos debe ser relegado hasta el anonimato por tener ideas o desarrollar conductas inmorales. En los tres modos señalados, u otros que se den en la realidad, vemos que las nociones de lo bueno y lo bello entran en pugna.

En este sentido es oportuno mencionar las elocuentes opiniones de Elaine Scarry:

> [...] la percepción o la presencia de lo bello implica 'una invitación al juego limpio de lo ético'. Determinadas cualidades de lo bello agudizan una sensación intuitiva de la justicia. [...] Es bella la simetría en la cual también se basa la idea de la justicia. La relación justa implica de manera necesaria una proporción simétrica. Una asimetría total provoca una sensación de fealdad. La injusticia misma se expresa como una proporción sumamente asimétrica. En efecto, Platón piensa lo bueno desde la belleza de lo simétrico.[102]

Quizás un ejemplo nos revele algunos puntos que nos clarifiquen los senderos por los que pretendemos caminar. El siguiente texto lleva por nombre *El artista*. A ver qué te parece:

> Una tarde nació en su alma el deseo de modelar una imagen del «Placer que dura un instante». Y marchó por el mundo buscando bronce. Pues sólo en bronce podía ver sus obras.
>
> Pero todo el bronce del mundo había desaparecido y en parte alguna podía encontrarse bronce, fuera del bronce de la estatua del «Dolor que se sufre toda la vida».
>
> Y él mismo, con sus propias manos, había fundido esta estatua y la había colocado sobre la tumba del único ser que amara en su vida. Sobre la tumba del ser muerto que había amado tanto, colocó esta estatua que era su creación, para que

102 E. Scarry. *On beauty and Being Just*. Princeton. 1999. Citado por Byung-Chul Han. *La salvación de lo bello*. Trad. Alberto Ciria. Ed. Herder. 2017. Pág. 86

allí fuese como un signo del amor del hombre, que no muere, y un símbolo del dolor del hombre que sufre toda la vida; y en el mundo entero no había más bronce que el bronce de esta estatua.

Y cogió la estatua que había creado y la colocó en un gran horno y la entregó al fuego.

Y del bronce de la imagen del «Dolor que se sufre toda la vida» modeló una estatua del «Placer que dura un instante».[103]

El relato que acabas de leer es de Óscar Wilde, y sobra decir que es una de las plumas más célebres de la literatura universal.

Wilde tuvo una vida que osciló de la gloria al ocaso. En 1881, sus *Poemas* lo convirtieron en un escritor muy conocido. Su ingenio, sagacidad mental y sus desplantes de *divo* lo hicieron el centro de atención de la sociedad.

Óscar Wilde tuvo una conducta moral que cimbró su entorno. Pero difícilmente, si se piensa con sensatez y objetividad, podríamos restar méritos a textos como *El ruiseñor y la rosa*, *El gigante egoísta*, *El príncipe feliz*, *El fantasma de Canterville*, *La importancia de llamarse Ernesto*, *El retrato de Dorian Gray* y, por supuesto, *El artista*. La obra de Wilde es rica en matices, variada en recursos estilísticos, irreprochable en la creación de personajes y situaciones.

Todo lo antes dicho nos movería a deducir que el asunto ético y el estético viajarían separados. Una cuestión sería la magnífica obra del escritor y otra su atribulada vida íntima y así

103 Óscar Wilde. *El artista. Lectura en voz alta*. Selección de textos de Juan José Arreola. Ed. Porrúa. Sepan Cuantos… 2005. Pág. 77.

habría que considerarlas. En eso estaríamos todos de acuerdo. O, por lo menos, la mayoría.

Sin embargo, sería posible afinar un poco el foco y desde una perspectiva distinta advertir que la obra del escritor inglés está imbuida por sólidos valores éticos que se nos presentan embellecidos por relatos de un lirismo poderoso. Una profunda sensibilidad artística es capaz de reconocer sutiles principios éticos que, si no son reflejados en la vida personal, sí es capaz de infundirlos en inapreciables obras de arte. La vida del escritor, como quiera que haya sido, le hizo entender cosas que más tarde se le revelarían en textos espléndidos. Lo hizo porque blandió una facultad primaria en todo aquel que crea: la libertad. Si su vida privada pudo ser censurada y castigada por la intransigente moral victoriana con años de encierro, su creatividad artística se desbordó en una producción inmortal. Lo que escribió tuvo su origen en su albedrío, sus convicciones, sus dolores, sus vivencias y su inspiración. Su arte estaba íntimamente ligado a sus valores éticos —que quizás, como espectadores o lectores, podríamos desligar de sus inclinaciones «morales o inmorales» al momento del contacto inmediato con la obra—. Esa obra, además de embelesarnos con su belleza, *nos dijo algo significativo sobre la bondad o la maldad*. Y si extendemos el argumento concluiremos que también tuvo sustratos ideológicos y políticos. Hasta la manifestación estética que rehúye la política… tiene una posición política.

El riesgo que frecuentemente se corre es, por el contrario, y yéndonos al extremo, tomar al arte como rehén con el objetivo de lanzar consignas de alguna moral imperante, sin que haya por parte del autor ningún tipo de tamiz, ni juicio crítico, ni reflexión. Lo que se dice para la creación vale también para la experiencia artística. Nuestro contacto con el arte será genuino a partir del ejercicio de la libertad que hagamos para apreciar determinadas cualidades estéticas, así como para poner a prueba nuestra sensibilización a mensajes morales. Desde esa óptica, amar la estética implica una inclinación por la libertad —nuestra libertad, la libertad del individuo— y la ética. En este sentido, amado José Arturo, jóvenes lectores, les propondría analizar los conceptos planteados: el arte y su relación con el bien, lo bueno, la verdad y la libertad. Ustedes tienen la última palabra.

Veamos otro aspecto del mismo fenómeno: qué sucede con las obras artísticas que, *en apariencia*, enaltecen el crimen, la drogadicción, el maltrato a las mujeres, los asesinatos. Parecería que, a la luz de los argumentos que hemos visto, habría que sentarlas en el banquillo de los acusados. Sólo que hay un punto a debatir.

Desde siempre el arte tiene en sus temáticas la fractura humana. Ocasionalmente se habla de la felicidad o del momento idílico. El quebrantamiento de la ley, el rechazo al orden, la confrontación a la autoridad. Y más allá: la soledad, la frustración, la amargura, la envidia, el adulterio, el odio, la agresión, el suicidio. Todo lo anterior es el caldo predilecto de las obras artísticas. ¿Por qué? Porque por medio del drama de las pasiones y los agobios, las cimas ambiciosas y los abismos sufrientes, la permanente vorágine de los conflictos entre los individuos, contemplaremos mejor, en la segunda o tercera instancia que nos otorga la meditación sobre la obra, la condición humana.

Ahora bien: es verdad que no es lo mismo enaltecer conductas delictivas que mostrar radiografías certeras y dolorosas para constatar el mal. Esto hay que tenerlo siempre muy claro. Por mencionar un claro y gran ejemplo, *El guardián entre el* centeno, de J.D. Salinger, novela perturbadora que nos revela la mente de un adolescente sumamente confundido.

La acción dramática no es privativa del teatro. Existe tensión entre la disposición de colores o formas de un cuadro, en los contornos de una escultura, en la distribución de las áreas de un edificio, no se diga en la alternancia melódica de una sinfonía o una canción. La contraposición dramática de fuerzas nos obliga, en las manifestaciones estéticas, a colocarnos en medio de controversias que involucran principios morales. Esa conflictiva será más poderosa en la medida que el autor pula y entregue un más acabado producto artístico. Así, lo bello tendrá posibilidades de seducirnos y, más adelante, mediante el ejercicio de ponderación de ideas, evaluaremos los valores subyacentes en la obra. Vuelvo a mencionarlo: una experiencia estética de calidad nos deleita con su belleza y, además, nos hace entender *algo* de la naturaleza humana, por lo menos nos mueve a más y mejores preguntas. Una vez más consignamos la importancia del juicio crítico y la libertad en la actividad estética.

Insisto, entrañables muchachas y muchachos, queridísimo José Arturo: la polémica continúa siendo álgida acerca de si la estética y la ética se complementan o se contraponen. A mi parecer, el consejo de Horacio en su *Arte Poética* aún tiene mucho qué decirnos: *Los poetas —los artistas*, podríamos ampliar el concepto— *pretenden o ser de provecho o brindar diversión, o bien hablar a un tiempo de cosas gratas y buenas para la vida.* [...] *A los poetas, ni hombres, ni dioses, ni las carteleras les permiten que sean mediocres.*[104]

104 Horacio. *Sátiras. Epístolas. Arte Poética.* Trad. José Luis Moralejo. Ed. Gredos. 2008. Págs. 403-405.

Nuestra vida en el arte

De lo dicho hasta aquí habremos de inferir que los dos conceptos que revisamos se adhieren a dos mundos que consideramos distintos pero fronterizos: la ética pertenece a la realidad, la estética crea mundos ficticios. Los dos, con frecuencia, se ven frente a frente. Pero si alguien confundiera la realidad con la ficción se le tildaría de loco. Así ha pasado. La situación ha dado motivo para múltiples creaciones que sería largo enumerar. Una perla: Alonso Quijano comenzó a ser don Quijote de la Mancha en cuanto llevó a la vida real sus lecturas de los libros de caballerías.

Tal separación ha dado el origen a la certeza de que lo importante es la realidad concreta y tangible, y a la presunción de que el arte es un bien prescindible, en cierto modo estorboso, muchas veces innecesario y, si al caso, decorativo. Si la obra es renombrada sucederá algo peor: se le considerará lejana y hasta incomprensible. Provocará repugnancia y nos orillará a pensar que *el arte es sólo para museos*. Con esto, la zanja entre realidad y ficción se hace más profunda.

Desde un inicio ha sido nuestra intención expresar la importancia de darle a nuestra cotidianidad un sentido estético. Sé que eso es factible. No obstante será difícil si pensamos que una obra de arte es *artificial* y *superflua*. Trataremos de indagar si en verdad la experiencia estética y la creación estética son artificiales y superfluas.

Con respecto a tal problemática, estas son las preguntas que se plantea el filósofo estadounidense John Dewey en su libro *El arte como experiencia*:

> ¿Por qué el intento de conectar las cosas más altas e ideales de la experiencia con sus raíces vitales básicas es, tan a menudo, considerado como una traición a su naturaleza y una denegación de su valor? ¿Por qué se siente repulsión a conectar las altas realizaciones de las bellas artes con la vida común, la vida que compartimos con todas las criaturas vivientes? ¿Por qué la vida es pensada como asunto de los sentidos más primitivos y ocultos o, cuando mucho, como cosa de sensación tosca y pronta a hundirse hasta el nivel del deseo y la áspera crueldad?[105]

Dewey responde a esas preguntas aduciendo que el camino se ha desviado debido a la moral institucional, que hace que tengamos desprecio por el cuerpo, temor por los sentidos y los sentimientos, y la oposición entre cuerpo y espíritu.

Existe la idea generalizada de que la vida pesa, que todo cuesta trabajo, que se debe sufrir para merecer, que los días son monótonos, que los objetivos concretos que buscamos son difíciles de alcanzar y, en caso de obtenerlos, difíciles de sostener. Se vive para la realización de quehaceres materiales. Gracias a ellos y en la medida de un correcto desempeño, nos hacemos acreedores de un sitio en el organigrama social. Tememos ser excluidos y, por ende, desde temprano reconocemos las reglas convencionales de comportamiento y las obe-

---

105 John Dewey. *El arte como experiencia.* Trad. Jordi Claramonte. Ed. Paidós. 2008. Pág. 23.

decemos al pie de la letra. La rebeldía es un poder que muy pocos ejercen. El rebelarse —con honestidad y no como un ficticio rol que complace a sectores de la sociedad— implica temeridad. La temeridad trae como consecuencia la incertidumbre. La mayoría toma como un tesoro inapreciable la certidumbre de estar aquí, de ser aceptados y reconocidos como parte del enorme engranaje de la civilización. Es así como asimilamos conductas prefijadas, códigos que permiten, obligan y prohíben, lenguajes que ayudan a expresarse con corrección. *Aprendemos a etiquetar situaciones, acontecimientos y señalar objetos como «esto y lo otro» y, así, se señala el cese de la vida* —dice Dewey—. Mediante las etiquetas, en efecto, se acaba un poco la existencia. Pero necesitamos disfrutar. Es así como el placer entra en ese sistema social como una vivencia apresurada, inmediata y material. El cuerpo nos da satisfacciones epidérmicas, superficiales y egoístas. Un cuerpo adecuado es el operacional, apto para el trabajo. ¿Y en cuanto al placer? Erotismo es orgasmo. Se priorizan los veinte años de juventud y el resto será un camino hacia la decrepitud. La vejez es tomada como enfermedad y tratada con desprecio, la ajena y la propia. Las funciones corporales son buenas en la medida en que sirven para esa operación primordial de la cultura: el trabajo. Esto es lo que nos aclara Dewey al respecto:

> Todas las oposiciones de mente y cuerpo, de materia y alma, de espíritu y carne, tienen su origen fundamentalmente en el temor de lo que la vida nos puede deparar. Son signos de contracción y escape. Por consiguiente, el pleno reconocimiento de la continuidad de los órganos, necesidades e impulsos básicos de la criatura humana con sus capacidades animales, no implica una necesaria reducción del hombre al nivel de las bestias. Al contrario, hace posible trazar un plan básico de la experiencia humana, sobre el cual se erige la superestructura de la experiencia maravillosa y distintiva del hombre. Lo que

> es distintivo en el hombre es la posibilidad de hundirse hasta el nivel de las bestias. Con todo, tiene también la posibilidad de llevar a alturas nuevas y sin precedente esa unidad de la sensibilidad y del impulso, del cerebro, el ojo y el oído, que ejemplifica la vida animal, saturándola con los significados conscientes que se derivan de la comunicación y la expresión deliberada.[106]

El filósofo y educador norteamericano nos aconseja volver a aprender las funciones sensoriales a fin de recuperar sensibilidades perdidas, o por lo menos anestesiadas. Él aduce que no lo hemos hecho por temor a sentir y quizás tenga razón. *Sentir intensa, vibrante, poderosamente es algo sublime... pero da miedo*. Para no llevar una vida insulsa hay que hacerlo. Hay que aprender a desarrollar una visión profunda y no nada más ver; escuchar con nitidez y no sólo oír lo básico; sentir muy hondo y no únicamente por encima de la piel. Es muy probable que el hombre primitivo tuviera afinadas esas actividades, ahora estén adormecidas y tengamos que ponerlas en práctica a fin de apreciar lo estético y así potenciarlas de nueva cuenta. De esta manera podremos expandir nuestra existencia. Dewey afirma:

> La existencia del arte es [...] la prueba de que el hombre usa los materiales y las energías de la naturaleza con la intención de ensanchar su propia vida, y que lo hace de acuerdo con la estructura de su organismo, cerebro, órganos de los sentimientos y sistema muscular. El arte es la prueba viviente y concreta de que el hombre es capaz de restaurar conscientemente, en el plano de la significación, la unión de los sentidos, necesidades, impulsos y acciones característica de la criatura viviente. La intervención de la conciencia añade regulación, poder de selección y re-disposición, Así,

106 Ib. Pág. 26.

> se producen infinitas variaciones en el arte. Con todo, su intervención también conduce en su momento a la idea del arte como una idea consciente: la más grande conquista intelectual en la historia de la humanidad.[107]

Apreciadísimos jóvenes, querido José Arturito, subrayaré la frase: *el arte es la más grande conquista intelectual en la historia de la humanidad.*

---

107 Ib. 29.

¿Qué es la creatividad?

Nos enfilamos a la recta final de nuestra plática. Estimados jóvenes, amado José Arturo, toca un tema que estoy seguro de que conocen y me gustaría ahondar en él. Me refiero a *la creatividad*.

No debemos temer incorporar al arte y a la experiencia estética en nuestra vida personal. O quizás no sea cuestión de temor sino de cierto adormecimiento, como dice Dewey. O tal vez tengamos ocasional o frecuente contacto con el arte pero posiblemente no llevamos lo estético al concepto general de nuestra vida. Reitero: eso es algo que podemos hacer.

El conocimiento de sí mismo entraña un complemento. El *ocuparse* de sí mismo. Retomando de los griegos clásicos la noción de *épiméleia/cura sui*, Michel Foucault lo explica de manera sencilla y muy clara en su libro *Hermenéutica del sujeto*:

> En primer lugar, nos encontramos con que el concepto equivale a una actitud general, a un determinado modo de enfrentarse al mundo, a un determinado modo de comportarse, de establecer relaciones con los otros. La *épiméleia* implica todo esto, es una actitud, una actitud en relación con uno mismo, con los otros, y con el mundo. En segundo lugar, la *épiméleia heautou* es una determinada forma de atención, de mirada.

> Preocuparse por uno mismo implica que uno reconvierta su mirada y la desplace desde el exterior, desde el mundo, y desde los otros, hacia sí mismo. La preocupación por uno mismo implica una cierta forma de vigilancia sobre lo que uno piensa y sobre lo que acontece en el pensamiento. En tercer lugar, la *épiméleia* designa también un determinado modo de actuar, una forma de comportarse que se ejerce sobre uno mismo, a través de la cual uno se hace cargo de sí mismo, se modifica, se purifica, se transforma o se transfigura.[108]

En primer término debemos comprender que, debido a la dinámica social antes mencionada, dirigimos la mirada a los condicionamientos requeridos que constriñen o amarran nuestra forma auténtica de ser. Nos desenvolvemos por lo común mediante acciones preestablecidas. Nos convertimos en especialistas del lugar común. Lloramos lágrimas medidas, reímos con frases pretendidamente cómicas memorizadas y repetidas hasta la saciedad, conversamos con gastados juicios que copiamos de otros.

Lo que nos recomienda el pensador francés es redirigir esa mirada a nuestro interior para enfrentar mejor y más auténticamente la manera de relacionarnos con los demás transformándonos desde dentro. Reafirmo: al *conocimiento de sí*, le sigue el *ocuparse de sí*. Eso significa reinventarse, renacer, trabajar sobre ese material valiosísimo que somos nosotros mismos por medio de la creatividad. No podría ser de otra manera porque para re-crearse no existen recetas. De ahí la falacia de la literatura de «autoayuda». En primer lugar no es «autoayuda» porque es influenciada por alguien externo; en segundo término son casi siempre instrucciones que se deben seguir sin cuestionar, como quien prepara un platillo. Por el contrario, la creatividad implica criterio y autonomía.

---

108 Michel Foucault. *Hermenéutica del sujeto*. Trad. Fernando Álvarez-Uría. Ed. La Piqueta. 1994. Pág. 35.

Es nuestro deber aclarar conceptos. ¿Qué queremos decir con *creatividad*? Acudamos a un experto en el tema, Edward De Bono, escritor maltés, que entre sus múltiples obras produjo el libro *El pensamiento creativo*.[109]

Nos dice De Bono que la creatividad es un término sobre el que existe gran confusión y suele asociársele al mundo de la publicidad —indispensable para anunciar una pasta de dientes— o a la elaboración de altísimas obras como la Quinta Sinfonía por Beethoven. Pero él nos refiere que creatividad es algo más simple. La concibe como *confeccionar algo que antes no existía.*

Es cierto, se puede utilizar la palabra *creatividad* en sentido negativo y afirmar que *se crea un desorden*, pero al concepto se le ha ido acompañando de un valor positivo y, por esa razón, regularmente unimos la palabra *creatividad* con la palabra *artística.*

Por supuesto que hay quien pueda afirmar que hay creatividad en actividades tan dispares como fabricar un arma letal, robar las arcas del gobierno o difundir una calumnia. Esa fue la intención de asentar, líneas arribas, lo que para nosotros es la liga indisoluble entre *ética* y *estética.* Mi posición siempre será que la creatividad ha de ser positiva. El concepto opuesto está más ligado a una perversa astucia o malicia enfermiza.

La creatividad debe tener como fundamento la constancia en el trabajo y eludir la repetición de fórmulas. Ha de propiciar lo inesperado, la transformación, el cambio. De Bono nos sugiere también que el producto creativo no debe ser obvio ni

---

109 Edward De Bono. *El pensamiento creativo.* El poder del pensamiento lateral para la creación de nuevas ideas. Ed. Paidós. 2016. Págs. 27 y siguientes. De Bono es un autor prolífico y su obra orbita permanentemente sobre el tema de la creatividad. Son recomendables sus libros *Seis sombreros para pensar; Manual de la sabiduría, nuevas técnicas para agilizar la mente y potenciar la creatividad; Lógica fluida, una alternativa a la lógica tradicional,* entre otros varios.

fácil; hay que buscar siempre un rasgo personal y distintivo. Podríamos inspirarnos en la creatividad de alguien, pero no imitarlo hasta caer en plagio.

Punto importante es saber que la creatividad es por naturaleza misteriosa. La podemos provocar, alentar, cultivar; la sentimos producir sus resultados, pero podemos ignorar de dónde surgió. Usualmente ignoramos de dónde vino una idea brillante, asevera el escritor de Malta. Eso sí, t*odos, absolutamente todos, podemos ser creativos*.

Si en la cotidianidad se alaba la implementación del razonamiento lógico, la alternativa que nos propone De Bono —y me uno a su llamamiento— es la de seguir la *lógica* de la creatividad, que radica en el *pensamiento lateral* o *divergente*. Atendamos algunas características que De Bono, precisamente en su texto titulado *El pensamiento lateral*, nos refiere sobre esa forma de pensar:

> El pensamiento lateral tiene como fin la creación de nuevas ideas, normalmente se relacionan las ideas nuevas con el ámbito de la invención técnica; sin embargo, la invención de nuevos dispositivos técnicos es sólo uno de los múltiples aspectos que derivan de la creatividad. Las nuevas ideas son factores de cambio y progreso en todos los campos, desde la ciencia y el arte, a la política y la *felicidad persona*l.
>
> El pensamiento lateral tiene como función también la liberación del efecto restrictivo de las ideas anticuadas. Ello conduce a cambios de actitudes y enfoques, a la visión diferente de conceptos inmutables hasta entonces. La liberación del efecto polarizador de las viejas ideas y el estímulo de nuevas ideas es una doble función del pensamiento lateral.

> El pensamiento lateral difiere fundamentalmente del pensamiento vertical o lógico, basado en el avance de las ideas a través de fases justificadas en sí mismas. En el pensamiento lateral la información se usa no como un fin en sí misma, sino como medio para un efecto determinado; se emplean a menudo como punto de partida planteamientos erróneos para llegar a una solución, al contrario del pensamiento vertical, en el que dicho procedimiento se descarta por principio (lógica, matemática). En el pensamiento lateral se busca a veces información que nada tiene en común con el problema que se estudia; en el pensamiento vertical sólo se busca lo que está relacionado con dicho problema.
>
> El pensamiento lateral *no pretende sustituir al pensamiento vertical*: ambos son necesarios en sus respectivos ámbitos y se complementan mutuamente; el primero es creativo, el segundo selectivo.[110]

Las cursivas son de mi parte. Las ideas centrales, de De Bono, son claras y rotundas.

El pensamiento convergente o vertical ha sido el único aceptado por la doctrina filosófica y científica a lo largo de los siglos. Es el basado en la lógica formal y las operaciones matemáticas. Somos continuamente instruidos en su cabal uso y desde nuestros primeros pasos se nos guía para resolver mediante sistemas ordenados cuyo ideal es avanzar sólidamente de una etapa a otra. Cualquier tipo de desvío provocaría perder la posibilidad de hallar la solución. Sus premisas son el discernimiento para allegarnos información, su clasificación ordenada, el análisis de sus características y el establecimiento de nuevo conocimiento. El pensamiento vertical acepta una so-

---

110 Edward De Bono. *El pensamiento lateral.* Manual de creatividad. Ed. Paidós. 2000. Pág. 12.

lución, y por excepción, muy pocas alternativas de resolución de problemas. De Bono ilustra su proceder diciéndonos que es como el agua que desciende por una pendiente, se asienta en los huecos, sigue el curso que le marca el lecho e, inclusive, da la oportunidad de prever el curso que llevará el agua. El pensamiento vertical se desliza a lo largo de los caminos probables y su propio deslizamiento aumenta la probabilidad de esos caminos para el futuro. El pensamiento convergente es de alta probabilidad mientras que el pensamiento divergente es de baja probabilidad. También se le llama pensamiento *cerrado* pues su cometido es, precisamente, ir acotando las expectativas por medio de herramientas confiables como la analogía, la deducción, la inducción, el análisis, la síntesis, y demás métodos investigativos. No está de más decir que gracias al pensamiento convergente la humanidad ha obtenido muchos de sus mayores logros científicos, tecnológicos y filosóficos. De Aristóteles a Descartes y al cientificismo contemporáneo hay una línea ininterrumpida. De acuerdo con este método moldeamos nuestra mente adiestrándola para seguir puntualmente patrones, pautas, modelos, esquemas. ¿Eso es 'malo'? Por supuesto que no. De Bono nos señala que, en rigor, no son excluyentes. El pensamiento vertical da la certeza de lo sistemático, la claridad de lo tangible, la seguridad de lo mensurable.

Sólo para recordarte un detalle del inicio de nuestra plática, he de mencionar otra vez que la educación escolar tradicional está fundamentada en este tipo de proceso mental. Como signo emblemático diré que el ritual en el aula continúa siendo, en la gran mayoría de los casos, el maestro que da la clase, enseña el método, el alumno anota, hace las preguntas permitidas, se establece un diálogo medido para que, finalmente, el estudiante salga a memorizar y aprender a reproducir. El profesor revela el misterio, el alumno asimila con disciplina.

Desde mediados del siglo XX se fue haciendo progresivamente necesario explorar nuevas rutas de pensamiento, métodos innovadores, sistemas alternativos. La psicología comenzó a jugar un papel determinante para abrir diferentes puertas. Así fue que, con cierta precaución, esta ciencia fue abordando los términos de *pensamiento divergente* o *lateral*, y *creatividad*.

Si conforme a lo *vertical* se observa desde una sola posición, desde la *divergencia* se puede uno mover por toda el área con tal de hacerse de varios puntos de vista; se tienen percepciones distintas, enfoques novedosos y no explorados, métodos alternos que nos otorgan opciones imaginativas.

Que quede claro: *ni el pensamiento lateral ni la creatividad implican por sí mismos una panacea*. No son una llave maestra ni una varita mágica. Y, enfatizaremos, no excluye al pensamiento vertical. Hay áreas de la vida en el que el raciocinio convergente se hace indispensable. Debemos tener criterio para la elección de uno u otro. Pero con frecuencia soslayamos de antemano el uso del pensamiento lateral debido, principalmente, a que lo hemos dejado guardado bajo llave en el sótano de nuestra mente. Se ha dicho hasta la saciedad que de niños ejercemos la creatividad de forma natural, orgánica, necesaria, pero conforme crecemos esa habilidad se va adormeciendo para dar paso a lo que consideramos es la única manera de solucionar problemas.

La didáctica innovadora pone el tema en la mesa. Ya el célebre educador Federico Froebel proponía concebir la escuela como un lugar donde el niño dejara salir sus facultades creativas. Actualmente son cada vez más los especialistas en diversas áreas que se dedican al estudio de la creatividad. Al decir de la Mtra. María Teresa Esquivias Serrano, psicólogos, pedagogos, artistas, comunicólogos, empresarios, publicistas, estudian el fenómeno de la creatividad desde sus propias perspectivas.[111]

Esquivias Serrano nos brinda en su trabajo una serie de definiciones de *creatividad* que han dado diversos pensadores. Veamos algunas:

Por ejemplo, el psicólogo Mihály Csíkszentmihályi nos dice que la creatividad es cualquier acto, idea o producto que cambia un campo ya existente, o que transforma un campo ya existente en uno nuevo.

Gunther Wollschlager define la creatividad como la capacidad de alumbrar nuevas relaciones, de transformar las normas dadas de tal manera que sirvan para la solución general de los problemas dados en una realidad social.

Howard Gardner, autor de la teoría de las inteligencias múltiples, al contrario de muchas opiniones, nos dice que la creatividad y la inteligencia no trabajan por separado y propone cambiar la pregunta qué es la creatividad por dónde aparece la creatividad. Nos dice que *individuo creativo* es la persona que resuelve problemas con regularidad, elabora productos o define cuestiones nuevas en un campo determinado, de un modo que al principio es considerado original, pero finalmente llega a ser aceptado en un contexto cultural concreto. Afirma que una persona suele ser creativa en un campo y no en todos, y puede ser llamada creativa cuando exhibe su creatividad en forma consistente.

Por su parte, Sarnoff Mednick nos dirá que el pensamiento creativo consiste en la formación de nuevas combinaciones de elementos asociativos; cuanto más remotas son dichas combinaciones, más creativo es el proceso o la solución.

La creatividad, como hemos dicho, es algo que todos podemos desarrollar. No es privativa de los genios. La gente que la

---

111 María Teresa Esquivias Serrano. *Creatividad: definiciones, antecedentes y aportaciones*. Revista Digital Universitaria. Vol. 5. Núm. 1. UNAM. Visto el 27/07/2024 en http://www.revista.unam.mx/vol.5/num1/art4/ene_art4.pdf.

ha estudiado asevera que el proceso creativo puede despertarse, promoverse, potenciarse, o desbloquearse mediante un trabajo especializado. No necesariamente depende de algo así como la iluminación mística, o la inspiración, o el rapto divino. Debemos ser positivos y dejarle la ventana abierta para que salga a dispersarse por el aire. Pese a que es una imagen muy socorrida, no pierde vigencia ni verdad: hay que darse la oportunidad de volver a ser niños y hacer lo que más nos gusta, jugar.

El pensamiento creativo trabaja con el material que se tiene, ni más, ni menos. Sólo que, en ocasiones, la mente consciente no sabe lo que hay en el almacén. Me explico: como escritor de ficción me he percatado de que, si se deja correr el flujo creativo, de pronto aparecen sucesos que no sabíamos que estaban ahí. *Un autor escribe sobre lo que cree que no sabe... pero sabe.* Así, adorado José Arturo, amables jóvenes lectores, la facultad creativa implica trabajar con los elementos que poseemos y darles una nueva configuración, jugar con las posibilidades, equivocarse hasta dar con el acierto.

Cómo practicar

Parecería una paradoja que, en un modo de trabajo que tiene como fundamento la libertad, acudiéramos a ciertos pasos metodológicos. Sin embargo, hay algunos puntos que sí pueden ser revisados.

Podemos colegir que nuestra primera arma para fomentar la creatividad es el reto personal. Tenemos delante de nosotros un problema que debemos resolver, sí… o sí. Es importante que ese asunto sea conocido a fondo, planteado desde diversas ópticas. Es como si decidiéramos conocer mejor una casa y, para tal efecto, en vez de quedarnos sólo con una fotografía de la fachada, lo filmáramos rodeándolo, subiendo y bajando, haciendo tomas interiores y exteriores, procurando que no nos falte ningún punto. Es decir, nos debe quedar claro con qué elementos contamos.

Enseguida, es aconsejable plantearnos la problemática definiéndola de la mejor manera posible. Muchas veces la dificultad para encontrar una solución radica en el hecho de haber formulado una pregunta errónea. Son innumerables los ejemplos de personas que resolvieron creativamente una situación en apariencia compleja cuando se percataron que el planteamiento en realidad era ostensiblemente simple.

Posteriormente, hay que jugar con las posibilidades resolutivas. Aquí es donde interviene lo que muchos estudiosos dan en llamar —De Bono, entre ellos— la *locura*.

Dentro de este último punto hay quienes optan por la provocación del *caos* para propiciar el hallazgo. En el mundo de la publicidad se recurre, con frecuencia, a la tormenta de ideas con el objetivo de que, del maremágnum surja la luz.

También se ha acudido a una fórmula que te puede sonar extravagante. Una vez planteado el conflicto se deben buscar alternativas de solución en *campos que no tengan nada en común*. Así —y esto es muy común—, hay personas que para dar con una resolución empresarial recurren a estrategias deportivas o, incluso, a *tips* de juegos de mesa.

En otras ocasiones se opta por un *planteamiento inverso*. Es decir, se vislumbran los hechos como ya resueltos y, entonces, comenzamos a indagar cómo fue que llegamos hasta ese feliz punto.

Otra de las formas socorridas es *la elaboración de diagramas, esquemas o gráficas de los hechos en cuestión*. Muchas veces, al volcar en papel mediante figuras que representen cada uno de los puntos que convergen en nuestro asunto, se nos pueden aparecer mejores vías de arreglo. Esta forma guarda relación directa con los famosos mapas mentales propuestos por el psicólogo inglés Tony Buzan.

Finalmente mencionaremos la sugerencia de los *Seis Sombreros* de Edward De Bono. Su técnica nos indica diversos comportamientos que debemos asumir con el objetivo de buscar la salida desde seis ópticas definidas. Para ello simularemos que portamos un sombrero de determinado color y que simboliza un tipo de conducta.

Así, al portar el *sombrero blanco* pensaremos de forma neutral y nos propondremos ver los hechos, los datos fríos sin interpretar o dar opiniones. Se observará la información de manera objetiva, sin generalizaciones.

Si usamos el *sombrero rojo* podremos dar paso a las emociones, a la sensibilidad, a las intuiciones. Al momento de portar este sombrero podemos dar rienda suelta a nuestra sensibilidad respecto del problema a atacar.

El *sombrero negro* nos impulsa a expresar lo que está mal, lo incorrecto, los peligros de abordar un proyecto determinado, las causas que podrían acarrear el fracaso. Cuando se usa este sombrero es recomendable dar los argumentos más fuertes que se pueda y no sólo negar por negar. Este sombrero es el emblema de la cautela.

Al momento de portar el *sombrero amarillo* asumiremos la mayor positividad posible. Daremos argumentos constructivos y veremos el lado bueno de lo que vamos a emprender. Mediante este sombrero tendremos la confianza de que lo que deseamos llevar a cabo se realizará. Este sombrero tendrá la brillantez de lo factible.

El *sombrero verde* es propiamente el pensamiento creativo. Cuando portamos este sombrero asumimos que somos creadores de ideas, de conceptos, de innovaciones. Tenemos la capacidad de brindar alternativas para la realización del proyecto en cuestión. Desaparecen los bloqueos y los obstáculos. Lo que se proponga viene bien y puede perfectamente ser recibido sin críticas. Mediante este sombrero se pueden proponer los caminos más inusuales y aventurados.

Finalmente, el *sombrero azul* nos impele a proponer y definir temas y áreas de trabajo. Nos auxilia a dar conclusiones, a elaborar generalizaciones. Mediante el carácter centrado que nos inspira, podremos asegurar el respeto al orden, a reglas y principios, a la organización que debe prevalecer durante las sesiones de trabajo.

De Bono recomienda comenzar con el azul, seguir con el amarillo, luego el negro, enseguida el verde, para terminar de nuevo con el azul, a fin de empezar y cerrar con orden. El rojo se puede ocupar en varios momentos, el caso es manifestar, cuando se necesite, lo que se siente sobre el proyecto. De Bono ideó este sistema para el trabajo grupal, pero, José Arturo, muchachas y muchachos, bien se puede aplicar de forma individual al plantearnos conflictos por resolver.

Tu vida…
Tu obra maestra

Estas modalidades que te he mencionado en el capítulo anterior son apenas un botón de muestra de los muchos recursos que tienes para despertar o potenciar tu creatividad. Seguramente se te ocurrirán otras. Además, muchos académicos nos solicitan reflexionar sobre las características que podemos reconocer en nuestro particular y original pensamiento creativo.

La creatividad implica una habilidad para pensar en las cosas de forma integral para luego pasar a analizar y entender sus partes. Esta forma de aplicar los conocimientos por lo general entra en controversia con los métodos convencionales de enseñanza, los cuales —como manifesté líneas arriba— imponen la fórmula de ir por pequeños pasos para integrarlos al final.

La creatividad es, claramente, un desafío o un reto a lo tradicional. El pensamiento innovador debe hacer frente a oposiciones que, muchas veces, ocasionan dudas o desaliento. Un innovador debe tener entusiasmo y fe en lo que hace.

De lo antes dicho se desprende que la creatividad requiere independencia y autonomía. Si somos creativos, de forma automática estamos cuestionando tanto a la autoridad como a la mayoría que nos quieren orillar a responder con formas preestablecidas.

La creatividad implica un impulso natural para explorar ideas, tener ojos llenos de curiosidad, apasionarnos con la búsqueda de nuevos caminos que quizás al principio sean vistos con reticencia, pero si triunfamos nos dará la satisfacción de haber sido originales.

Por su propia naturaleza la creatividad promueve el humor, la diversión, el placer. Está lejos de la monotonía y lo rutinario. Su signo es el juego, que no es necesario mostrarlo de manera extrovertida. Muchos *actúan* el juego pero en el fondo son serios, estirados y solemnes. El creativo de verdad asume el juego en su fuero interno, como parte inseparable del alma.

Ahora bien: la creatividad es un ente que se debe alimentar a diario. Si un día no le damos de comer no protesta. Hace algo peor: se duerme. Hace falta una férrea disciplina intelectual que encuentra su combustible nuestro interior, en la confianza de lo que somos. Para ser creativo hay que *creérsela*. Y claro, una vez aceptándonos como creativos debemos ejercer ese modo de pensar en todos los aspectos de la vida.

Como puedes percatarte la creatividad no es simplemente una herramienta: es una posición ante la vida. Para ello, como he apuntado, tenemos que cambiar la lente con que vemos la realidad y colocar una en que pongamos, en primer término, nuestra integridad. Debemos ocuparnos de nuestro ser. Eso no significa volvernos egoístas, ni mucho menos. Quiere decir, como lo aseveré anteriormente, ejecutar el *conócete a ti mismo* y ensamblarlo con el *ocúpate de ti mismo*.

El padre que se entrega al cien por ciento a sus hijos, el empresario que vive veinticuatro horas al día en su negocio, el ser que vive dependiendo permanentemente de lo que digan de él los demás, todos ellos y muchos casos similares más, coinciden en el poco cuidado que dan a su persona bajo el pretexto de la entrega a los otros. El desprendimiento de sí mismos es tan grande que terminan quedándose sin nada, sin dar lo mejor de sí.

Es verdad: como reza la frase repetida un millón de veces, hay que quererse. Sí, pero no se debe confundir ese amor propio y necesario con un egotismo vanidoso. No se trata de darse besos en el espejo. Hay que abocarse al cuidado de uno mismo con el objetivo de ser cada vez mejores, de acrecentar exponencialmente nuestras capacidades, de reconocernos perfectibles y trabajar en ello.

Es importante recuperar la creatividad extraviada en la infancia, desempolvarla, darle brillo y aplicarla día con día en cada una de las áreas de la vida. Si tenemos contacto frecuente con el arte, ya sea por nuestro oficio o por pura afición, es enriquecedor el hecho de llevar ese gusto estético a la vida diaria. Debemos de confiar en la razón, en la inteligencia, en la lógica. Pero también debemos de creer en nuestras intuiciones, en el poder de la imaginación y la fantasía.

Si bien es cierto que podemos ennoblecer nuestros sentimientos al procurarnos mayor contacto con la experiencia estética, es fundamental que trabajemos artísticamente y con denuedo sobre un material que tiene prioridad: *el yo interior*. No se puede vivir ignorando la presencia del arte. Necesitamos de la música, la poesía, la pintura, el teatro, la danza, el cine. Hace falta la relación con las grandes obras artísticas porque ellas nos hablan de lo que somos. Pero también es insoslayable asumir la tarea de esculpir, moldear, diseñar nuestra vida bajo formas estéticas. ¿Cuáles? Las que proporcionen el embellecimiento de nuestro yo integral, cuerpo, mente y espíritu.

Se puede y se debe hacer de la vida una obra maestra. Para ello es indispensable tener el valor de cuestionar cientos de consignas adheridas a nuestra mente por imposición. No se vive para sufrir, padecer, repetir patrones ciegos de conducta, reprimir nuestra originalidad. No debemos conformarnos con obtener lo mínimo para la subsistencia. No debemos resignarnos a ocupar un modestísimo banco en una alejada esquina de la mesa del banquete de la vida. Tenemos el derecho de aspirar a más. Tenemos la obligación de fabricarnos a nosotros mismos conforme a los cánones de la ética y la estética.

El hecho de asumir la vida como una creación artística es una postura positiva, optimista, crítica, que basa sus postulados en la libertad de elección del individuo y busca la materialización de sus proyectos.

Añado a estas ideas una propuesta pedagógica que coloque los cimientos de una existencia estética. No nada más he hablado de enseñar el arte sino de *enseñar en el arte*, insuflar la educación de premisas estéticas para que el alumno sepa que puede dirigir sus pasos en la vida por ese sendero.

Amado hijo, estimados jóvenes, la vida puede y debe ser bella.

Si operamos bajo estos fundamentos apelaremos a lo que somos, a lo que nos da individualidad, a lo que nos hace singulares y diferentes. En ciertos momentos eso no será visto con buenos ojos, especialmente por la sociedad de consumo.

Traeré a colación las palabras de Gilles Lipovetsky y Jean Serroy en su tratado *La estetización del mundo*:

El modelo estético de existencia volcado al consumo que promueve —el capitalismo y su visión del arte— *dista mucho de ser sinónimo de vida bella, hasta tal punto es inseparable de la adicción y la impaciencia, del sometimiento a los modelos comerciales, de una relación con el tiempo y el mundo dominado por los imperativos de rapidez, rendimiento y acumulación. Una vida estética digna de este nombre no debería estar prisionera de los límites de las normas del mercado ni realizarse en un universo víctima de la precipitación y la urgencia.*[112]

112 Gilles Lipovetsky, Jean Serroy. *La estetización del mundo*. Trad. Antonio-Prometeo Moya. Ed. Anagrama. 2016. Pág. 28.

En este mismo sentido crítico se pronuncia el filósofo coreano Byung-Chul Han en su pequeño volumen *La salvación de lo bello*. El pensador afirma:

> [...] la tarea del arte consiste en la salvación de lo otro. La salvación de lo otro es la salvación de lo distinto. El arte salva lo distinto 'resistiéndose a fijarlo en su estar presente'. Siendo lo enteramente distinto, lo bello cancela el poder del tiempo. Precisamente hoy, la crisis de la belleza consiste en que lo bello se reduce a su estar presente, a su valor de uso o de consumo. El consumo destruye lo otro. Lo bello artístico es una resistencia contra el consumo.[113]

Son innumerables las vidas vividas dentro de los cánones artísticos. Seguramente te habrás enterado en algún momento de tal o cual anécdota que ensalza la vida de algún santo, cierto científico, diferentes artistas. Es muy difícil discrepar sobre la belleza de existencias de personajes célebres como Krishna, Hermes, Moisés, Sócrates, Jesús, Zoroastro o Siddharta Gautama. Igualmente algunos podrán admirar las vidas de santos como Francisco de Asís, Agustín de Hipona, Tomás de Aquino, Juana de Arco, Santa Bárbara o Santa Rita. Otras personas, poniendo por delante la obra, prefieran tomar referencias de artistas inmortales como Leonardo, Galileo, Dante, Isabel la Católica, Sor Juana Inés de la Cruz, Juan Sebastián Bach, Voltaire, Newton, Rousseau, Darwin, Marie Curie, Gandhi, Nelson Mandela... y muchos etcéteras.

Es muy subjetivo, sobre todo por lo que implicaría entrar en los intersticios de la vida de cada uno de ellos. Varios de los mencionados posiblemente llevaron una existencia impecable. Quizás no todos. Muchas veces una celebridad, si se le mira con lupa, revela imperfecciones que nos harían desilu-

---

113 Byung-Chul Han. Op. Cit. Pág. 94.

sionarnos un poco, o peor aún, nos inspirarían ejemplos poco recomendables.

La conclusión a la que podemos arribar es que, por un lado, podemos seleccionar modelos a seguir, buscar motivos que nos inspiren, tomando en cuenta que, como nosotros, se trata de seres humanos que tuvieron virtudes y errores y debemos apreciarlos en su real magnitud. Por otra parte, es importante recalcar que la trascendencia radica, no en nuestras facultades de imitación, sino en el tratamiento que le demos a nuestra propia vida. No es deseable repetir pautas. Es más, es imposible. Cada vida es única e irrepetible y la nuestra lo es. Por ello es indispensable poner manos a la obra y esmerarnos en nuestros propósitos creativos.

Como cultivadores de la estética que habremos de ser, es necesario dar atención a los detalles. El arte está lleno de ellos. Diariamente podríamos concentrarnos en aspectos que habitualmente han pasado inadvertidos para nuestra atención. Potenciar el olfato, la vista, el gusto, el oído. *Tocar* mejor. Nuestra piel es maravillosa y muchas veces la reprimimos. Dejar que la piel reconozca texturas, pliegues, superficies. Podemos, además, darnos el gusto de sentir con mayor fuerza. Ampliar nuestro espectro sensorial. Diversificar nuestras experiencias. El arte se nutre de la variedad. Abrirnos a lo nuevo, a lo sorpresivo, a lo inusual. Expandir el alma. Caminar por rutas distintas. Explorar territorios inhóspitos, tanto afuera como adentro. Apreciar las virtudes de la lentitud, de la pausa, del reposo reflexivo o imaginativo. Recuerda que el viaje más emocionante es el que realizamos a nuestro interior.

Igualmente podremos darnos la deliciosa oportunidad de ir imprimiendo un sello personal, singular, bello, en las relaciones con los demás. Con la familia, con los compañeros y compañeras de trabajo, en la empresa, con la pareja, con todos ellos podemos permitirnos tener vínculos novedosos con matices estéticos. *Cada persona que entra en nuestra historia puede ser relevante.* Hay que aprender a mirarlos a los ojos, a interesarnos en ellos, a verlos como personas que son, y no como medios para cumplir fines egoístas.

La comprensión comienza por nosotros mismos. Con frecuencia nos obsesiona el pasado, los errores cometidos, lo que no hicimos, o lo que no debió suceder. Eso obstaculiza enormemente la labor creadora. Muchas personas aconsejan el *arrepentimiento* como modo de solución de ese tipo de problemáticas. Debo aceptar que la palabra nunca terminará por gustarme dada su carga religiosa. Sin embargo, si tú la eliges, es correcto. El caso es entender que no es para nada benéfico ir arrastrando el peso de los errores. No se puede avanzar con tanta carga. Lo que sí resulta benéfico es aceptarnos como seres falibles y hacer de esos errores nuestra fuerza. Las fallas que cometimos en el pasado, lo que no pudimos hacer y nos provoca remordimientos, lo que quedó fuera de nuestro alcance, todo ello suele producirnos culpas ácidas. Como si fuera un mazo de cartas tendidas en el paño de una mesa, hay que darles vuelta y mirar el panorama completo con ojos positivos. Las equivocaciones son parte medular del aprendizaje. Hemos cometido faltas… y las seguiremos cometiendo. Por supuesto, debemos procurar que nuestro accionar sea el óptimo, pero el desacierto se presentará. Hay que realizar una tarea de prestidigitación para que ese acto contrario se convierta en favorecedor, nos dé fortaleza y se convierta en el combustible que habrá de impulsar nuestra creatividad.

En el devenir de la vida se presentarán infortunios, desgracias, cosas que escaparán a nuestras capacidades de acción. No hay que olvidar que el arte contiene como factor lo sublime; ello significa algo que excede a lo normal, es extraordinario, y en ocasiones conlleva el terror. Lo trágico nos golpea, pero como artistas, debemos reponernos mediante la creatividad trasmutando los naturales dolores producidos por los acontecimientos en acciones estéticas que nos revitalicen. No es fácil. Nadie ha dicho que lo sea. Pero hay inigualable belleza en el acto heroico de levantarse de las caídas del alma.

Así como el artista se debe al público, te sugiero hacer como uno de tus objetivos primordiales *dar a los demás lo mejor que hay en ti.* Todo adquiere sentido únicamente en la medida en que nos brindemos de manera excelsa al prójimo.

Hemos llegado al final de nuestra plática. Espero que algo bueno te haya aportado. Por mi parte, amadísimo José Arturo, apreciadas jovencitas, estimados jovencitos, sólo me queda decir que ha sido un enorme placer dialogar ustedes y, como postrer regalo, comparto las palabras de Walt Whitman, en su poema *En este momento*:

En este momento, sentado a solas, anhelante y pensativo,
Me parece que en otras tierras hay otros hombres también anhelantes y pensativos,
Me parece que puedo mirar más lejos aún y divisarlos en Germania, Italia, Francia, España,
Y lejos, más todavía, en China, o en Rusia, o en Japón, hablando otros dialectos,
Y pienso que si me fuera posible conocer a estos hombres con ellos me uniría, tal como lo hago con los hombres de mi propia tierra,
¡Oh! Yo comprendo que nos convertiríamos en hermanos y amigos,
Yo sé que llegaría a ser feliz con ellos.

Hasta muy pronto.

Bibliografía recomendada

101 Cuentos clásicos de la India. Recopilación de Ramiro Calle. Ed. Biblioteca Nueva Era. 2003.

Agustín de la Herrán Gascón. *Autoconocimiento y formación: más allá de la educación en valores*. Revista Tendencias Pedagógicas 8. 2003.

Adolfo Sánchez Vázquez. *Antología. Textos de estética y teoría del arte*. UNAM. 1978.

Aristóteles. *Metafísica I, 1*. Trad. Tomás Calvo Martínez. Editorial Gredos. 2003.

Aristóteles. *Acerca del alma*. Ed. Gredos. 2003.

Aristóteles. *Poética*. Biblioteca Románica Hispánica. Ed. Gredos. Edición trilingüe por Valentín García Yebra. 1999.

Ambrosio Velasco. *Humanismo*. UNAM. Instituto de Investigaciones Sociales. Págs. 2-3. http://conceptos.sociales.unam.mx/conceptos_final/437trabajo.pdf. Visto el 08/10/2019.

Anónimo. *La leyenda del murciélago*. Tomada de: https://leyendascortas.com.mx/leyenda-del-murcielago/. Vista el 11/10/2019.

Arnold Hauser. *Historia social de la literatura y el arte*. Trad. A. Tovar y F.P. Varas-Reyes. Ed. Debate. 1998.

Arthur Schopenhauer. *El mundo como voluntad y representación*. Trad. Pilar López de Santa María. Ed. Trotta. Colección Clásicos de la Cultura. 2009.

Bruno Bettelheim. *Psicoanálisis de los cuentos de hadas*. Ed. Culturales Paidós. Crítica. Biblioteca Gandhi. 2017.

Byung-Chul Han. *La salvación de lo bello*. Trad. Alberto Ciria. Ed. Herder. 2017.

Célida Godina Herrera. *Sobre la melancolía*. BUAP. Revista de filosofía La lámpara de Diógenes. Año/Vol. 3. Número 5. 2002.

Diógenes Laercio. *La vida de los filósofos más ilustres*. Grupo Editorial Tomo. Colección Los inmortales. 2004.

Duncan Watts. *Seis grados de separación. La ciencia de las redes en la era del acceso*. Paidós. 2006.

Eduardo Casar. *Ontología personal*. Consejo Nacional para la Cultura y las Artes. Dirección General de Publicaciones. 2008.

Eduardo Nicol. *La idea del hombre*. Ed. Fondo de Cultura Económica. 2003.

Edward De Bono. *El pensamiento creativo*. El poder del pensamiento lateral para la creación de nuevas ideas. Ed. Paidós. 2016.

Edward De Bono. *El pensamiento lateral*. Manual de creatividad. Ed. Paidós. 2000.

El Mândûkya Upanishad. Explicado por el Swami Sarvananda. Trad. Ada. D. Albrecht. Ed. Hastinapura. Argentina. 2003.

Erich Fromm. *El miedo a la libertad*. Prólogo y trad. Gino Germani. Ed. Paidos. 2016.

Eugenia Flores. *El chamanismo en México*. Entrevista a Jacobo Grinberg. Tomado el 20/07/2024 de: https://www.facebook.com/SACREDMEX/ *¿Qué es un chamán?*

Fernando Savater. *Los siete pecados capitales*. Ed. DeBolsillo. 2016.

Francisco Díez de Velasco et al. *Miedo y religión*. Ediciones del Orto. 2002.

Francisco Larroyo. *Introducción a la Filosofía de la Cultura*. Ed. Porrúa. 1971.

Friedrich Nietzsche. *El crepúsculo de los ídolos*. Citado por Umberto Eco en *Historia de la fealdad*. Trad. María Pons. Irazazábal. Ed. DeBolsillo. 2014.

Friedrich Nietzsche. *Genealogía de la Moral*. Trad. Andrés Sánchez Pascual. Alianza Editorial. El libro de bolsillo. 1996..

Gaspar Núñez de Arce. *Poema El vértigo*. Visto el 13/08/2024 en http://www.los-poetas.com/o/gaspar.htm.

George Martin. *El ritmo de la vida*. Video disponible en: https://www.youtube.com/watch?v=FI8sFGOp9Cs. Visto el 19/07/2024.

Gibrán Jalil Gibrán. *El loco*. Visto el 22/07/2024 en http://ciudadseva.com/texto/el-loco/.

Gilles Lipovetsky, Jean Serroy. *La estetización del mundo*. Trad. Antonio-Prometeo Moya. Ed. Anagrama. 2016.

Giovanni Sartori. *Homo videns. La sociedad teledirigida*. Ed. Taurus. Pensamiento. 1998.

Gustavo Bueno. *El sentido de la vida. Seis lecturas de filosofía moral*. Ed. Pentalfa. 1996. Págs. 87-88. Visto el 22/07/2024 en: http://fgbueno.es/gbm/gb96sv.htm.

G.W.F. Hegel. *Lecciones sobre la estética*. Trad. Alfredo Brotons Muñoz. Ed. Akal. 1989.

Harold Bloom. *Shakespeare o la invención de lo humano*. Trad. Tomás Segovia. Ed. Anagrama. Colección Argumentos. 2005.

Henry Leo Bolduc. *Autohipnosis. Creando tu propio destino*. Trad. Angelina Ahumada et al. Fundación Edgar Cayce. 2004.

Horacio. *Sátiras. Epístolas. Arte Poética*. Trad. José Luis Moralejo. Ed. Gredos. 2008.

I Ching. El libro de las mutaciones. Prólogo de C. G. Jung, Richard Wilhelm y Helmut Wilhelm. Ed. Hermes Sudamericana. 1989.

Immanuel Kant. *Crítica de la razón pura*. Trad. Pedro Ribas. Ed. Taurus. 2005.

Immanuel Kant. *Crítica del juicio, seguida de las observaciones sobre el asentimiento de lo bello y de lo sublime*. Trad. Alejo García Moreno y Juan Ruvira. Ed. Librerías de Francisco Iravedra, Antonio Novo. 1876.

Jean-François Lyotard. *La condición postmoderna*. Trad. Mariano Antolín Rato. Ed. Cátedra. 1991.

John Dewey. *El arte como experiencia*. Trad. Jordi Claramonte. Ed. Paidós. 2008.

Jorge Luis Borges. *El Aleph*. Emecé Editores. 1989.

Jorge Luis Borges. *Poema Alguien soñará*. Tomado el 24/07/2024 del portal Ciudad Seva: Alguien soñará - Jorge Luis Borges - Ciudad Seva - Luis López Nieves.

Jorge Luis Borges y Adolfo Bioy Casares. *El libro del cielo y el infierno*. Ed. Sur. 1970.

Karl Rosenkranz. *Estética de lo feo*. Traducción y edición Miguel Salmerón. Colección Imaginarium No. 5. 1992.

Ken Robinson. *El elemento*. Trad. Mercedes García Garmilla. Editorial Grijalvo. 2009.

Lope de Vega. *Arte nuevo de hacer comedias en este tiempo*. Biblioteca Virtual Universal. 2003.

Lucio Anneo Séneca. *De la ira*. Biblioteca Virtual Universal. 2003. Visto el 23/07/2024. DE LA IRA (seducoahuila.gob.mx).

Luigi Pirandello. *Seis personajes en busca de autor*. Trad. Leonardo Valencia Assogna. Ed. El Mundo. Colección Millenium. Las 100 joyas del milenio. 1999.

Luis Buñuel. *Mi último suspiro*. Ed. Debolsillo. 2008.

María del Rosario Hernández Borges en *La etiología del autoengaño. ¿Pretendo engañarme o me engañan mis mecanismos?* Teorema. Revista internacional de filosofía. Vol. 26. Número 3. 2007.

María Graciela de Ortúzar. *La definición de la muerte desde las perspectivas de Bernard Gert y Daniel Wikler*. Universidad Nacional de la Plata. Revista de filosofía y Teoría Política. Actas de las 1° Jornadas de Investigación para Profesores, Graduados y Alumnos, La Plata, 1996. En Memoria Académica. Disponible en: http://www.fuentesmemoria.fahce.unlp.edu.ar/art_revistas/pr.2563/ pr.2563.pdf. Visto el 22/07/2024. Pág. 4.

María Teresa Esquivias Serrano. *Creatividad: definiciones, antecedentes y aportaciones*. Revista Digital Universitaria. Vol. 5. Núm. 1. UNAM. Visto el 17/11/2019 en http://www.revista.unam.mx/vol.5/num1/art4/ene_art4.pdf.

Matthieu Ricard. *El arte de la meditación*. Trad. Francisco J. Ramos Mena. Ed. Urano. 2009.

Michel Foucault. *Hermenéutica del sujeto*. Trad. Fernando Álvarez-Uría. Ed. La Piqueta. 1994.

Miguel Ángel Fuentes. *La superficialidad*. Colección Virtus 15. Visto el 28/07/2024 en http://www.teologoresponde.org/wp-content/uploads/2014/03/superficialidad.pdf.

Miguel Ángel Gaete. *Ad infinitum: implicaciones de lo sublime en la contemporaneidad.* Fedro. Revista de Estética y Teoría de las Artes. Número 14. 2015.

Miguel León Portilla. *La filosofía náhuatl estudiada en sus fuentes.* UNAM. Instituto de Investigaciones Históricas. Cultura Náhuatl. 1983.

Miguel Pérez Nieto, Marta Redondo y Leticia León. *Aproximaciones a la emoción de la ira: de la conceptualización a la intervención psicológica.* Tomado 21/10/2019 de Revista Electrónica de Motivación y Emoción. Vol. XI. Junio 2008. Número 28. http://reme.uji.es/articulos/numero28/article6/article6.pdf.

Mircea Eliade. *Historia de las ideas y las creencias religiosas.* Vol. I. Ed. Paidos. 1999.

Montserrat Payá. *El autoconocimiento como condición para construir una personalidad moral y autónoma.* Universidad de Barcelona. Revista Comunicación, Lenguaje y Educación, 15. 1992.

Moritz Geiger. *Introducción a la estética* [en línea]. La Plata: UNLP. FaHCE. Centro de Estudiantes. En Memoria Académica. Disponible en: http://www.memoria.fahce.unlp.edu.ar/libros/pm.356/pm.356.pdf.

Neville Goddard. *Plegaria. El arte de creer.* Trad. Clara Llum. Goddard Publications. 1945.

Nezahualcóyotl. Poema *He llegado aquí.* Tomado el 21/07/2024 de: He llegado aquí - Poemas de Nezahualcóyotl (poemas-del-alma.com).

Octavio Paz. *El arco y la lira.* Obras completas. Tomo I. La casa de la presencia. Poesía e historia. FCE. 1999.

Óscar Wilde. *El artista. Lectura en voz alta.* Selección de textos de Juan José Arreola. Ed. Porrúa. Sepan Cuantos… 2005.

Platón. *Apología de Sócrates*. Trad. Ivone Saíd Martínez. Grupo Editorial Tomo. Colección Autores Selectos. 2009.

Plotino. *Enéadas*. Trad. Jesús Igal. Ed. Gredos. Enéada III. 1985.

Publio Ovidio Nasón. *Metamorfosis*. Estudio preliminar de Francisco Montes de Oca. Ed. Porrúa. Colección Sepan cuantos... 2013.

Real Academia Española. Diccionario de la lengua española. Visto el 24/07/2024 en: estético, estética | Definición | Diccionario de la lengua española | RAE - ASALE-.

Reiner María Rilke. *Cartas a un joven poeta*. Editorial Premiá. Colección La nave de los locos. 1989.

R. Gordon Wasson, Albert Hofmann, Carl A.P. Ruck. *El camino a Eleusis. Una solución al enigma de los misterios*. F.C.E. 1980.

Roberto Aparici, Agustín García Manntilla, Jenaro Fernández Baena y Sara Osuna. *La imagen, análisis y representación de la realidad*. Ed. Gedisa. 2009.

Robert Spaemann. *Ética: cuestiones fundamentales*. Versión española José María Yanguas. Ed. Eunsa. Ed. Univ. De Navarra. 2007.

Rosa Cukier. *Psicosociodrama de la envidia. ¡El que pueda que tire la primera piedra!* AEPP. Revista de psicoterapia y psicodrama. Vol. 1. Núm. 1. 2012. Pág. 3. Visto el 22/07/2024 en: Microsoft Word - 3 Psicosociodrama de la envidia. Rosa Cukier.docx (revistapsicoterapiaypsicodrama.org).

Rubén Darío. *Poema Melancolía*. Tomado el 28/07/2024 de Ciudad Seva: http://ciudadseva.com/texto/melancolia-2/.

Sabina Berman. *Feliz nuevo siglo Doktor Freud*. Publicado por Universidad Veracruzana. Revista Tramoya. 2001. Versión digital: http://cdigital.uv.mx/bitstream/123456789/4690/2/20016805.pdf. Visto el 20/07/2024.

San Agustín. *Confesiones*. Ed. Lectorum. 2006.

Santo Tomás. *Suma Teológica*. Biblioteca de Autores Cristianos. Madrid. 2001.

Sigmund Freud. *Ensayos sobre la sexualidad.* Ed.Sarpe. Colección Los grandes pensadores. 1985.

Theodor Adorno. *Teoría estética.* Trad. Jorge Navarro Pérez. Ed. Akal. 2004.

Umberto Eco. *De la estupidez a la locura. Crónicas para el futuro que nos espera.* Libro póstumo. Trad. Helena Lozano Miralles y María Pons Irazazábal. Ed. Lumen. 2016.

Víctor Hugo. *Cromwell.* Biblioteca Virtual Miguel de Cervantes. Visto el 26/07/2024 en https://www.ucm.es/data/cont/docs/119-2014-02-19.

Virginia Aspe. *El concepto de mímesis en la filosofía del arte de Platón.* Págs. 175-176. Visto el 24/07/2024 en *Tópicos.* Revista de Filosofía. No. 1. 1991. A., V. A. (2013). El concepto de mímesis en la filosofía del arte de Platón. *Tópicos, Revista De Filosofía*, (1), 175—182. https://doi.org/10.21555/top.v1i1.585.

Viviana Suñol. *Mimesis en Aristóteles. Reconsideración de su significado y su función en el Corpus Aristotelicum.* Tesis doctoral. Universidad Nacional de la Plata. Visto el 25/07/2024 en https://www.memoria.fahce.unlp.edu.ar/tesis/te.283/te.283.pdf.

Wladyslaw Tatarkiewics. *Historia de seis ideas.* Trad. Francisco Rodríguez Martin. Ed. Tecnos. Colección Metrópolis. 2001.

William Shakespeare. *Hamlet, príncipe de Dinamarca.* Ed. Ramón Sopena. 1965.

Winner, E., T. Goldstein y S. Vincent-Lancrin. *¿El arte por el arte?* Resumen, OECD Publishing, 2014.

Concluyó la edición de este libro a cargo de Berenice el 10 de diciembre de 2024. Tal día de 1971, el poeta chileno Pablo Neruda recibe el Premio Nobel de Literatura, «por una poesía que con la acción de una fuerza elemental da vida al destino y los sueños de un continente».